Bernd Badegruber   Johann Pucher-Pacher

Auf ins Leseland

Spiele zum sinnerfassenden Lesen

VERITAS

Die Deutsche Bibliothek – CIP-Einheitsaufnahme

Badegruber, Bernd:
Auf ins Leseland: Spiele zum sinnerfassenden Lesen /
Bernd Badegruber; Johann Pucher-Pacher. – 2. Aufl. –
Linz: Veritas, 1996
ISBN 3-7058-0733-1
NE: Pucher-Pacher, Johann:

2. Auflage (1996)
Gedruckt in Österreich auf umweltfreundlich hergestelltem Papier
Lektorat: Maria Weismann-Ploier, Wallern
Herstellung: Germana Kolmhofer, Hartkirchen
Umbruch: Camilla Wimmer, Wels
Umschlaggestaltung und Illustrationen: Alois Jesner, Linz
Satz, Montage: Typeshop, Linz
Druck, Bindung: LANDESVERLAG Druckservice Linz

ISBN 3-7058-0733-1

Inhaltsverzeichnis

Lesespiele auf dem Tisch

Lesewelt

Würfelspiele

Konzentrationslesespiele

Lesespiele aus der Bücherkiste

Kreativer Umgang mit Büchern

Arbeit mit Buchausschnitten

Lesespiele aus dem Alltag

Lesespiele zur Kommunikation

Kopiervorlagen 82

Literatur zum Weiterlesen 102

Vorwort

Die starke Konkurrenz der audio-visuellen Medien (Kino, Film, Fernsehen, Video) drängt die schriftliche Kommunikation, vor allem das Buch immer mehr in den Hintergrund.

Wie Untersuchungen von Schulabgängern zeigen, ist es um die Lesefertigkeit – das Lesetempo, das fehlerfreie Lesen und das sinnerfassende Lesen – schlecht bestellt. Kein Wunder bei der geringen Lesepraxis, die viele junge Menschen aufgrund intensiver Beschäftigung mit oben genannten Medien haben.

Es gilt, die besonderen Qualitäten des geschriebenen Wortes zu nützen und den jungen Menschen in geeigneter Form auf den Geschmack zu bringen.

Bei manchen Spielvorschlägen in diesem Buch erleben die Spieler das Lesen als Hilfe, um mit anderen Menschen in Kontakt zu kommen, sie kennen zu lernen und mit ihnen Spaß zu haben.

Bei anderen Lesespielen wiederum erleben sie das geschriebene Wort als „Spielobjekt", mit dem sie kreativ umgehen können. Durch oftmaliges abwechslungsreiches Spielen ein und desselben Lesespiels alleine, partnerweise oder in der Gruppe werden Wortbilder gefestigt und bleiben im Lesewortschatz der Kinder. Das Lesen wird somit flüssiger und fehlerfreier – und macht damit auch weniger Mühe – eine wichtige Voraussetzung für ungetrübten Lesespaß.

Zuletzt tritt der „Lesespieler" mit Büchern in Kontakt, lernt spielerisch Bücher kennen, lernt die Vorzüge einer Bibliothek nützen.

Ein Teil der Lesespiele wird in der Großgruppe gespielt. Es handelt sich um Interaktionsspiele.

Ein weiterer Teil ist vom Spieler alleine, partnerweise oder in der Kleingruppe selbständig – etwa beim offenen Lernen zu verwenden.

Für einen Teil der Spiele brauchen wir eine umfangreiche Bücherauswahl – am besten spielen wir sie in der Schulbibliothek.

Ein abwechslungsreicher Leseunterricht mit einem großen Repertoire an Leseübungen, Lesespielen und Lesetexten animiert sowohl die Lehrer als auch die Schüler, diese Ressourcen zu nützen und dem Lesen großen Raum im Schulalltag zu geben. Da die meisten Spiele Gemeinschaftsspiele sind, werden auch vorerst „lesemüde" Kinder zum Mittun und Mitlesen angeregt. Trainieren ist wichtig – auch für die Lesegeläufigkeit.

Trainieren heißt Wiederholen.

Wiederholen kann jedoch langweilig sein.

Wird allerdings ein beliebtes Spiel häufig wiederholt, so macht das Lesetraining Freude.

Hohe Lesegeläufigkeit wird nicht nur durch Lesen in der Schule erreicht – Lesen findet überall statt. Deshalb beziehen sich viele unserer Lesespiele auf das Alltagslesen – nicht nur auf das Lesen in Büchern. Gerade im Alltag ist schnelles Lesen von kurzen Informationen wichtig. Darum soll vor allem der dort vorkommende Wortschatz schnell erfasst werden können.

Das Lesetempo kann durch Konzentrationsprobleme beeinträchtigt werden. Spiele, die genaues und differenziertes Lesen von Wörtern, Sätzen und Texten verlangen, können die Konzentration fördern.

Mangelnde Konzentrationsfähigkeit der Kinder steht häufig in Zusammenhang mit Schulstress, Leistungseinbrüchen und Verhaltensauffälligkeiten. Lesen kann als Ausgleich zu Stress erzeugendem Medienkonsum dienen, da das Kind den Text mit dem ihm genehmen Lesetempo bewältigen kann. Auch Lesen kann Stress erzeugen, nämlich dann, wenn es unter Leistungs- und Zeitdruck erfolgt. Im Spiel jedoch kann das Kind ohne Angst und Druck seine Leseleistung steigern.

Geruhsame, individuelle, fantasiebetonte und abwechslungsreiche Beschäftigung mit Texten und Büchern ist wichtig für entspanntes Lesen. Lesen kann einen Wechsel zwischen Entspannung und Spannung erzeugen. Die Aktivierung aller Sinne durch die Fantasie des Lesers sorgt gleichzeitig für die größtmögliche Aktivierung seiner geistigen Fähigkeiten.

Besonders verhaltensauffällige Schüler nützen gerne die Lesemöglichkeiten in Freiarbeits- und Spielphasen. Sie profitieren dabei von den oben angeführten positiven Wirkungen des Lesens und vor allem von der Möglichkeit, das Arbeits- und Lesetempo selbst steuern zu können. Stress, Druck und Angst fallen für diese Kinder dabei weg.

Gedanken über das Lesen

Lesen „belebt die Sinne". Die Ergebnisse der Gehirnforschung machen uns darauf aufmerksam, wie wichtig die Aktivierung beider Gehirnhälften für geistige Leistungen ist. Das gleichzeitige Zusammenwirken beider Gehirnhälften und deren reibungslose Zusammenarbeit sind für ganzheitliches Erleben wichtig.

Wahrnehmung, Konzentration, Gedächtnis und seelisch-körperliches Wohlbefinden stehen mit dem guten Zusammenwirken der Gehirnhemisphären in Zusammenhang. Die Verarbeitung unserer Sinneseindrücke findet in verschiedenen Hemisphären des Gehirns statt, z. B. das Hören in der linken und das Sehen in der rechten Hemisphäre. Wer also Gesehenes und Gehörtes gut kombinieren kann, koordiniert schlicht gesagt seine Gehirntätigkeit.

Das gleichzeitige Auftreten von Reizen, die mehrere Sinne beanspruchen, regt das Gehirn an, fordert es und fördert es auch – vertieft zum Beispiel die Erinnerung an das Erlebte. Texte, die bei uns gleichzeitig Bilder hervorrufen, Geräusche beschreiben, Geruchs- und Geschmacksfantasien hervorrufen oder Tasteindrücke und Schmerzempfindungen nachempfinden lassen, sind „Gehirnnahrung". Sie hinterlassen tiefe Spuren beim Leser.

Mancher Leser mag „sinnesträchtige" Textstellen übersehen. Der geübte Leser findet die „Sinnesreize" zwischen den Zeilen.

Nicht immer ist es das blanke Wort, das vordergründig die Sinnesfantasien des Lesers anregt. Bei vielen Lesern führen schon Andeutungen zu intensiven Erlebnissen und zu Prozessen, die kreuz und quer die Gehirnhemisphären in Anspruch nehmen.

Als Beispiel dient mir folgende Textstelle:

„Ich glaubte, meinen Augen nicht zu trauen: War das am Horizont nicht eine Baumgruppe, eine Oase?"

Noch steht da nichts geschrieben, wie einladend diese Oase ist – und schon könnte beim Leser die Fantasie von Wassergeplätscher, orientalischer Musik, vom Anblick schöner Beduinenfrauen, dem kühlenden Schatten der Bäume und der Häuser, vom Geschmack labender Speisen und Getränke entstehen. Der ganze Mensch, der ganze Leser wird in Anspruch genommen. Der Leser hat Zeit, seine Fantasien auszukosten. Er stoppt vielleicht sogar mit dem Lesen – es ist zu schön, um wahr zu sein. Nur nicht gleich weiterlesen – vielleicht beschreibt der Buchautor die Oase als Fata Morgana oder lässt schon in der nächsten Zeile einen hinterhältigen Schurken auf den Verdurstenden los. Hier unterscheidet sich das Medium Buch beträchtlich vom Medium Film.

Ihre Fantasie und Ihre Erlebnisgeschwindigkeit stehen beim Buch im Vordergrund – Sie führen Regie.

Ihr Buch lebt, es ist da. Sie können es angreifen. Sie blättern fahrig um, fahren nervös mit dem Zeigefinger die Zeilen entlang, streichen über die Seite, legen das Buch sorgfältig – vielleicht sogar liebevoll – weg, geben ihm einen schönen Platz im Regal oder verstecken es unter einem Stapel wertloser Zeitschriften.

Sie gehen mit dem Buch anders um als mit dem Film. Oder haben Sie bereits einmal den Fernseher in eine Ecke geschleudert?

Wie gesagt: Lesen „belebt die Sinne".

Bilder und Schrift sind Kommunikationsmittel. Sie geben Auskunft über die Welt, so wie sie der Autor sieht oder gesehen hat – er hat sie jedoch nicht nur gesehen, auch gehört, gefühlt … – schlichtweg erlebt. Er will uns an seinem Erleben teilhaben lassen. Er will uns oder sich damit Freude bereiten. Wir lernen „seine Welt" kennen. Wir lernen Neues kennen. Wir lernen auch den Autor als Person kennen. Manchmal ist es das Hauptziel des Buches, den Autor darzustellen. Manchmal findet das Kennenlernen des Autors durch viel Fantasie des Lesers „zwischen den Zeilen" statt. Fantasien über den Autor werden konkretisiert in der Autorenlesung. Jedes Vorlesen eines selbst verfassten Textes enthält die Elemente einer Autorenlesung: Lernen über die Welt, Lernen über den Autor, Fantasien über die Welt, den Autor und die Beziehung des Autors zur Welt.

Wer ein Buch auswählt oder Textstellen auswählt, um sie wiederum einem ausgewählten Publikum vorzulesen oder sie dem Publikum zur Lektüre zu empfehlen, präsentiert ebenfalls Teile „seiner Welt", seiner eigenen Person und seiner persönlichen Beziehung zur Welt.

Das Sprechen über Bücher allgemein („Hast du das schon gelesen?" „Das musst du lesen!") enthält ebenfalls diese Elemente.

Pädagogische Hinweise

- Die Schüler sollen möglichst viel in die Vorbereitungsarbeiten von Lesespielen einbezogen werden: Aussuchen von Texten und Büchern, Mitbringen von Gegenständen und Anschauungsmaterialien, Herstellen von Spielmaterial.
Durch das Einbeziehen von Schülern aller Leistungsabstufungen, ergibt sich automatisch eine Differenzierung des Schwierigkeitsgrades in den Texten und bei den Spielen.

- Querverbindungen zu anderen Unterrichtsgegenständen können aufgegriffen werden. Ein Großteil der Spiele dient der Bereicherung des Aufsatz- und Sprechunterrichtes.
Umgekehrt können vorhandene Schüleraufsätze für Lesespiele verwendet werden. Viele Spiele aus dem Bereich „Lesespiele aus dem Alltag" eignen sich für den Sach- und Mathematikunterricht. Oft ist für die Durchführung bestimmter Lesespiele eine vorangegangene Sachinformation von Vorteil.

- Eine Reihe von Spielen kann durch Varianten ergänzt und zu Unterrichtsprojekten ausgebaut oder im Projektunterricht eingesetzt werden.

- Viele Spiele beinhalten Rollenspielelemente und können daher Bestandteil des darstellenden Spiels und des sozialen Lernens sein.

- Die Spielvorschläge beinhalten die ganze Bandbreite des Lesens: vom Deuten von Symbolen über Wortschilder, Aufschriften und Schlagzeilen bis zu Texten und Büchern.

- Ein großer Teil der Gemeinschaftsspiele kann so variiert werden, dass sie in der schulischen Freiarbeit als Gruppen- und Partnerspiele von den Schülern selbständig gespielt werden können.

- Für den Lehrer, der selber Lesespiele erfinden will, können Spielprinzipien bekannter Spiele (Memory, Ratespiele, Brettspiele usw.) als Grundlage dienen.

- Ein Großteil unserer Spiele setzt ein Mindestmaß an Lesefertigkeit voraus und ist daher erst ab der 2. Schulstufe einsetzbar.

Einteilung der Lesespiele

Lesespiele auf dem Tisch

Diese können an Tischen, meist in Gruppen, partnerweise oder teilweise auch alleine gespielt werden. Es werden vielfältige Materialien (Textkärtchen, Spielfiguren, Würfel, Spielzeug, …) verwendet, die am Tisch aufgelegt oder aufgestellt werden. Häufig werden Brett-, Würfel- oder Kartenspiele mit Textmaterialien kombiniert.

Diese Spiele eignen sich in der Schule besonders gut für die Freiarbeit, oder, wenn mehrere Spiele gleichzeitig bereitliegen, für den Stationsbetrieb.

Der Bereich „Lesewelt" kommt besonders dem fantasievollen Umgang mit Wörtern und Texten entgegen. Das umfangreiche Spielmaterial entspricht dem Spieltrieb der Kinder in besonderem Maß. Ein Großteil des Spielmaterials ist leicht zu beschaffen oder herzustellen.

Lesespiele aus der Bücherkiste

Bei diesen Spielen steht das Buch im Vordergrund.

Die Kinder sollen zum Gebrauch und den Umgang mit Büchern durch Spiele mit Büchern oder Buchausschnitten animiert werden.

Die „Spiele aus der Bücherkiste" können in der Schulbibliothek oder in der Klassenleseecke (Klassenbücherei) durchgeführt werden. Nicht selten wird der ganze Klassenraum einbezogen.

Einige Spiele können auch den Besuch einer öffentlichen Bücherei beleben. Soweit das laute Vorlesen von Texten bei manchen Spielen vorgesehen ist, muss der Leser die Möglichkeit haben, das Vorlesen vorzubereiten. Eine Anzahl von Spielvorschlägen will das kritische Betrachten von Text und Illustration eines Buches fördern.

Lesespiele aus dem Alltag

In diesem Kapitel finden sich u. a. Spiele, die vor allem die Kritikfähigkeit und Mündigkeit der Kinder fördern sollen:

- Für das Leben in einer Demokratie ist uneingeschränkte und unkomplizierte Informationsbeschaffung durch die Bürger von großer Bedeutung.
- Als Konsument muss man schnell und kompetent die schriftlichen Informationen über Produkte lesen und beurteilen können.
- Behördenkontakte werden durch geübten Umgang mit Formularen, Urkunden und Dokumenten erleichtert.
- Die Spiele mit Fernsehprogrammen und Zeitungen sorgen für die bewusste Begegnung mit diesen Medien.
- Die Handhabung des Telefonbuchs und Spiele mit Einladungen, Spielregeln und Hausordnungen fördern die soziale Kompetenz.

Lesespiele zur Kommunikation

Sie finden häufig im Sesselkreis in der Großgruppe statt. Es handelt sich meist um Bewegungsspiele.

Die Lesetexte stellen Verbindungen zwischen den Gruppenmitgliedern her.

Bei diesen Spielen ist das „Lesenkönnen" Voraussetzung zur Spielbewältigung, deren wichtiger Teil hier die Kommunikation ist.

Andererseits ist bei diesen Spielen die Kommunikation – die Kontaktaufnahme mit den anderen Kindern – oft Hilfe beim Lesenlernen. Spaß an und bei der Kommunikation vermittelt dann auch den schwächeren Lesern Lesefreude.

Bei diesen Spielen wird das Lesen als Mittel erlebt, über seine unmittelbaren Mitmenschen mehr zu erfahren und sie somit besser verstehen zu lernen. Über die schriftliche Kommunikation wird hier die verbale Kommunikationsfähigkeit gefördert.

Lesespiele auf dem Tisch

Lesewelt

Wer-Wo-Wann-Was-Wie

VORBEREITUNG

Kärtchen in 5 verschiedenen Farben. (Siehe Kopiervorlage!)

1. Farbe: Bub Mädchen Mann Frau Tier Pflanze Gebäude Speise Kleidung Gerät
2. Farbe: Wald Wiese Wasser Berg Haus Stadt Dorf Wüste Feld Himmel
3. Farbe: Frühling Sommer Herbst Winter Morgen Mittag Nacht Vormittag Nachmittag Monat
4. Farbe: schlafen sitzen gehen laufen springen rufen sprechen weinen lachen stehen
5. Farbe: lustig traurig furchtsam tapfer mutig glücklich freundlich feindselig müde zornig

DURCHFÜHRUNG

Jeder Spieler hat einen unbekannten Text. Alle Spieler beginnen still zu lesen. Sobald ein Spieler an eine Textstelle kommt, die ihm erlaubt, ein zutreffendes Kärtchen zu nehmen, liest er diese Textstelle vor. Wer alle fünf Farben hat, ist fertig.

VARIANTE

Ein Einzelspieler liest und legt die fünf Kärtchen auf. Der folgende Spieler legt nachher während des Lesens desselben Textes die Kärtchen wieder zurück.

Das Puppenhaus

VORBEREITUNG

Puppenhaus und Puppenmöbel
Mehrere Textzettel, die verschiedene Einrichtungsmöglichkeiten des Puppenhauses beschreiben.

DURCHFÜHRUNG

Kinder richten das Puppenhaus ein.
Dabei kann beim Einrichten auf verschiedene Familienzusammensetzungen Rücksicht genommen werden. Dann verfassen sie schriftliche Beschreibungen auf verschiedenen Zetteln. Ein Spieler, der später das Lesespiel verwendet, sucht sich eine Beschreibung aus und kann das Haus dementsprechend einrichten. Ein weiterer Spieler kann nun den Text suchen, der als Vorlage gedient hat, oder er kann seinerseits versuchen, mündlich das Puppenhaus zu beschreiben. In diesem Fall verwendet der erste Spieler die schriftliche Beschreibung als Kontrollblatt.

VARIANTEN FÜR DIE 3. UND 4. SCHULSTUFE

- Bauplanlesen: Kartons in verschiedener Größe dienen als Grundlage für die Anordnung der Räume von Wohnungsgrundrissen. Verschiedene Möbelstücke, im Grundriss dargestellt, liegen bereit. Die Texte sind als Briefe der zukünftigen Wohnungsinhaber an den Innenarchitekten gestaltet.
- Traumhäuser: Angeregt durch den Text von Ingrid Bacher „Das Kindertraumhaus" schreiben die Kinder selber Aufsätze über ihr Traumhaus. Ein Mitschüler zeichnet dieses Traumhaus dann. Wer kann all die durcheinander gemischten Bilder und Texte wieder ordnen?

Das Kinderhaus

Ingrid Bachér

Zu ebener Erde war ein großer Raum, dessen Wände aus porzellanenen Vogelkäfigen bestanden, weiß und blau, mit bunten Vögeln darinnen. Wenn es regnete, ließ man gläserne Jalousien herunter. Eine Wendeltreppe führte hinauf in den ersten Stock. Da war nichts als eine riesige Badewanne, so groß wie das ganze Zimmer, voll Wasser.

Im zweiten Stock war das Zimmer ausgefüllt von einem großen Bett. An den Wänden hingen die Kleider und an der Tür ein Beutel mit Schuhen. Die Kinder zogen an, was ihnen morgens gerade in die Hände kam, und das passte oft nicht zusammen.

Im Bettzimmer gab es eine Klappe, durch die man sich direkt in die Badewanne fallen lassen konnte. Es ging auch eine Kletterstange durchs ganze Haus, an der die Kinder hinauf- und hinunterklettern konnten, wenn sie die Wendeltreppe nicht benutzen wollten. Im dritten Stock war das Spielzimmer. Es gab drei Wände zum Bemalen, an der vierten hing ein Kalender, der verlor die Blätter, wann er wollte. Manchmal, wenn nichts Besonderes passierte, auch gar keins. Neben dem Kalender war eine Luke zur Rutschbahn, die geradewegs in den Garten führte.

Auf dem Dachboden war vorerst gar nichts außer Staub und einer Mausefalle, die niemand brauchte, denn es gab keine Mäuse im Haus. Aber es gab eine Katze, die war rot und schlief beim Herd im unteren Zimmer …

Bewegungsmax

VORBEREITUNG

Eine Gliederpuppe und ein beliebiger Text, in dem Personen vorkommen.

DURCHFÜHRUNG

Der Text wird still gelesen. Immer dann, wenn man auf eine Textstelle stößt, in welcher eine Person liegt, steht, läuft, sitzt, springt, sich bückt usw., wird die Gliederpuppe in die entsprechende Körperhaltung gebracht.

Sandkastenlandschaft

VORBEREITUNG

Wir brauchen feinen Quarzsand, der etwa 10 cm dick in eine etwa 40 x 50 cm große Holzkiste geleert wird.
Wir haben kleine Spielhäuser (z. B. vom Brettspiel „DKT"), blaue Wollfäden und blaue Stoffbänder, grüne, gelbe und braune Stoffreste, graue Kartonstreifen, und viele andere Gegenstände, um Dörfer, Wälder, Wiesen, Felder, Bäche, Flüsse, Straßen – einfache Landschaften – gestalten zu können.
An Textmaterial haben wir Landschaftsbeschreibungen, die von Schülern verfasst wurden.

DURCHFÜHRUNG

Der Spieler sucht sich aus den Landschaftsbeschreibungen eine aus. Er formt in der Sandkiste Berge, Täler und Ebenen, baut Dörfer und Straßen, legt Wiesen, Wälder und Felder. Zum Schluss fügt er Bäche, Flüsse und Seen ein.
Später kann der Landschaftsbauer einen Mitschüler raten lassen, welcher Text der richtige ist.

VARIANTE

Es können auch Landschaften, die in Büchern beschrieben werden, nachgebaut werden.

TEXTBEISPIELE

Ochsen, acht Kühe, drei Schweine, zehn Schafe, fünfzehn Hühner, ein Hahn, eine Katze und ein Hund. Und dann Michel.

Katthult war ein kleiner hübscher Hof mit einem rotgestrichenen Haus, das auf einer Anhöhe lag zwischen Apfelbäumen und Flieder. Und rund umher waren die Äcker und Wiesen und Haine, ein See und ein großer, großer Wald.
Es hätte ruhig und friedvoll auf Katthult sein können, wenn Michel nicht dort gewesen wäre.

aus: Astrid Lindgren: Immer dieser Michel, Hamburg: Oetinger 1972.

Die Wildgänse flogen über den Herrenhof von Övedskloster hin, der in einem herrlichen Park östlich von dem See lag und der wundervoll aussah mit seinem großen Schloss, seinem schönen gepflasterten, von niedrigen Mauern und Lusthäusern umgebenen Hofe und seinem vornehmen altmodischen Garten mit den geschnittenen Hecken, dichten Laubgängen, Teichen, Springbrunnen, prachtvollen Bäumen und kurz geschorenen Rasenplätzen, wo die Rabatten voller bunter Frühlingsblumen standen.
Als die Wildgänse in aller Frühe über den Herrenhof hinflogen, war noch kein Mensch zu sehen. Nachdem sie sich dessen genau versichert hatten, ließen sie sich ganz nahe zur Hundehütte hinunter und riefen: „Was ist das hier für eine kleine Hütte? Was ist das hier für eine kleine Hütte?"

aus: Selma Lagerlöf: Nils Holgerssons schönste Abenteuer, München: dtv 1961.

Landschaftsbauplan von Micheldorf

Sie fließt zuerst nach Osten, bis zur Talmitte hin, und wendet sich dort nach Norden, wo genau in der Talmitte sich ein kleiner Hügel erhebt – der Georgiberg mit der Kirche auf der Kuppe des Hügels.

Im Südosten neben der Kirche steht ein Gasthaus. Von Süden her kommt die Bundesstraße aus Richtung Klaus. Sie führt weiter nach Norden und überquert mehrmals die Krems.

Zwischen der Falkenmauer und der Bundesstraße befindet sich eine große ebene Fläche mit dem Segelflugplatz von Micheldorf.

Der Hügel, der sich an die Falkenmauer nach Norden hin anschließt, heißt Turnhamberg. Weit im Norden wird er von einem Sattel unterbrochen, über den sich, von der Bundesstraße kommend, die Ziehberg-Landesstraße windet. Nördlich des Segelflugplatzes ist die kleine Ortschaft Heiligenkreuz mit einer kleinen Kirche und einem Friedhof. Knapp nördlich des Friedhofs ist das Fußballstadion. Nördlich des Fußballstadions geht die Ziehberg-Landesstraße in Richtung Westen vorbei.

Im Osten geht der bewaldete Georgiberg über einen Sattel zum Pröller über. Der Pröller ist ein lang gezogener Hügel, der sich von Südosten nach Norden erstreckt. Er ist dicht bewaldet und nicht besiedelt. Ganz im Norden schließt der Hirschwaldstein an, – ein Hügel der ganz oben von einem Felsen aus eine schöne Aussicht bietet. Knapp unter der Kuppe des Hügels befindet sich die Burg Altpernstein.

Am Fuße des Pröllers, und knapp nördlich am Fuße des Georgibergs, ist der Friedhof von Micheldorf. Auf der Nordwestseite des Friedhofs ist die Kirche von Micheldorf, umgeben von den vielen Häusern des Ortszentrums. Ganz im Norden, im Tal, unterhalb der Burg Altpernstein ist der Gradn Teich mit dem anschließenden Schwimmbad. Im Norden schließt an Micheldorf die Gemeinde Kirchdorf an.

Micheldorf ist ein landschaftlich schöner Ort.

Im Süden ist die höchste Erhebung des Tales die felsige Kremsmauer. Der mittlere Teil ist am steilsten und am höchsten. Darauf befindet sich das Gipfelkreuz. Etwas niedriger ist die Kirchenmauer, die im Südosten an die Kremsmauer anschließt.

Am Fuße der Kirchenmauer, etwas am Hang, am Waldrand gelegen, ist die kleine Bergkirche von Klaus und östlich davon erhebt sich knapp oberhalb der Straße, die von Norden nach Süden führt, das Schloss Klaus. Östlich des Schlosses und östlich der Straße ist der Stausee von Klaus. Über die Staumauer führt eine Brücke. Der Stausee erstreckt sich nach Südosten. Er hat einen Abfluss nach Nordosten – die Steyr. Sie verlieren wir bald in östlicher Richtung aus den Augen.

Auf der anderen – nordwestlichen Seite der Kremsmauer schließt die Falkenmauer an. Sie ist ein etwas niedrigeres Kalkgebirge als die Kremsmauer. Knapp an der Waldgrenze, auf dem höchsten Hügel unter der Falkenmauer ist die Gradn Alm.

Direkt unter der Kremsmauer, in einem kleinen Tal, das nach Osten führt, ist eine Quelle – hier entspringt die Krems.

Wäscheleinegeschichten

VORBEREITUNG

In der Kleiderkiste – es kann auch eine Puppenkleiderkiste sein – liegen verschiedene Kleidungsstücke.
Es werden entsprechend viele Textröllchen vorbereitet, mit dem Titel: „Ein Kleidungsstück erzählt."
Eine Wäscheleine mit Wäscheklammern wird gespannt.

DURCHFÜHRUNG

Die Textröllchen werden unter den Spielern verteilt.
Nun greift der Spielleiter oder ein beliebiger Spieler blind in die Kleiderkiste und hängt ein Kleidungsstück auf die Wäscheleine. Der Spieler, der die entsprechende, zu diesem Kleidungsstück passende Geschichte hat, liest sie vor und steckt dann das Röllchen dem Kleidungsstück in die Tasche.
Wer konnte als Erster alle seine Textröllchen loswerden?

VARIANTE

Die Wäscheleine mit verschiedenen Kleidungsstücken ist gespannt. Die Textröllchen befinden sich in den Taschen der Kleidungsstücke. Manche Texte sind im falschen Kleidungsstück. Die Spieler ordnen die Texte richtig zu.

TEXTBEISPIEL

Ein Socken erzählt

Mein Zwillingsbruder und ich lagen mit vielen anderen Socken in einem schönen Regal in einem Kleidergeschäft. Von unserem Platz aus konnten wir das ruhige Treiben im Geschäft in aller Ruhe beobachten. Fast nie wurden wir in unserer Ruhe gestört. Nur selten nahm uns jemand hoch, drehte uns herum, befragte die Verkäuferin nach dem Preis und legte uns wieder sanft zurück. Ach, war das ein gemütliches Leben – bis eines Tages alles anders wurde. Der Chef des Geschäftes meinte: „Die Socken, die gehen nicht – in den Wühlkorb mit ihnen!"
Unsanft wurden wir aus dem Regal gerissen, mit dem Kugelschreiber wurde auf unserem Preispickerl herumgestrichen und wir landeten in einem Wirrwarr von hässlichen Sportsocken und Jägerstutzen.

In dem Korb, in dem wir gelandet waren, konnte man ja kaum Luft bekommen. Aber es sollte noch schlimmer kommen: Der Korb wurde vor das Geschäft gestellt – auf den Gehsteig, wo einen die Sonne ganz ausbleicht und wo stinkende Autos vorbeirattern, wo freche Kinder an einem herumzerren, wo gewühlt, gezerrt – ja sogar geklaut wird. Endlich wurden mein Bruder und ich gekauft. Wir dachten schon: Jetzt beginnt ein lustiges, ereignisreiches Leben, aber – oh Schreck! – das Leiden begann schon in der Einkaufstasche neben dem Papiersack mit den Reißnägeln.
Oder: Wie schrecklich war es, als ich einmal mit einer Nadel gestopft wurde – oder soll ich euch erzählen, wie ich meinen Zwillingsbruder verloren habe?

Aquarium

VORBEREITUNG

Wir brauchen für dieses Spiel ein Aquarium, wie wir es in vielen Klassen finden. (Manche Schulklassen besitzen einen Goldhamster, ein Meerschweinchen oder einen Wellensittich. Auch hier sind Beobachtungen möglich.) Neben dem Aquarium liegen 10 bis 20 Tierbeobachtungskärtchen.
Auf jedem Beobachtungskärtchen steht ein Satz, der eine beobachtbare Verhaltensweise des Tieres beschreibt.

DURCHFÜHRUNG

Die Beobachtungskärtchen werden gemischt und mit der Schrift nach oben am Tisch aufgelegt. Der Spieler liest nun alle Kärtchen durch, um im richtigen Moment zum passenden Kärtchen greifen zu können. Nun werden die Tiere beobachtet. Sieht man ein Verhalten, das auf einem der Kärtchen beschrieben wird, so kann man dieses Kärtchen umdrehen. Das Spiel ist zu Ende, wenn nur noch drei Kärtchen offen daliegen.
Will man das Spiel längere Zeit spielen – man setzt sich z. B. ein Zeitlimit von 15 Minuten – dreht man die Kärtchen nicht um, sondern legt immer wieder neben die Kärtchen beim Beobachten einen Kieselstein. Was ist der Kieselsteinrekord?
Noch mehr Spaß macht das Spiel, wenn anstatt der Kieselsteine schöne kleine Muscheln verwendet werden.

TEXTBEISPIEL

> Ein Fisch erscheint auf der Wasseroberfläche.
> Ein Fisch zupft an einer Wasserpflanze.
> Ein Fisch schwimmt an einer Wasserpflanze vorbei.
> Ein Fisch schwimmt an einem anderen vorbei.
> Ein Fisch berührt den Grund des Aquariums.
> Ein Fisch schwimmt an einem Stein vorbei.
> Ein Fisch berührt die Wand des Aquariums.
> Ein Fisch verschwindet hinter einem Stein.
> Ein Fisch schwimmt durch den Steintunnel.
> Ein Fisch schnappt nach etwas.
> Zwei Fische schwimmen hintereinander.
> Ein Fisch berührt einen Stein.
> Ein Fisch bleibt einen Moment an einer Stelle stehen.
> Zwei Fische schwimmen nebeneinander.

Puppen lesen

VORBEREITUNG

Kasperlfiguren und beliebige Lesetexte

DURCHFÜHRUNG

Ein Partner liest dem anderen vor. Dieser kann sich wünschen, welche Puppe die Rolle des Vorlesers übernimmt.
Ist es der Kasperl, der sich absichtlich oft verliest, oder die Großmutter, die langsam und bedächtig liest, oder ist es der König mit seiner getragenen Stimme. Falls der Teufel oder die Hexe vorlesen, werden sie zwischendurch über den „Blödsinn", der im Buch steht, fluchen müssen.

VARIANTE

Das Klappmaullesen: (Zum Beispiel: Das Krokodil liest vor.) Das Sprechen mit einer Klappmaulfigur erfordert große Konzentration. Die Wörter können ausgespuckt werden – dabei ist das Maul im Auslaut geöffnet, oder sie können eingefangen werden, dann ist das Maul im Auslaut geschlossen.

HINWEIS

Bei Texten mit häufiger direkter Rede können die Kasperlfiguren mit verteilten Rollen agieren. Bei dem Buch „Schulgeschichten von Franz" (Christine Nöstlinger) übernimmt zum Beispiel der Kasperl die Rolle des Franz, und der König und die Hexe übernehmen die Rolle von Erwachsenen.
Dazu ein Buch mit geeigneten Texten:
Kay Krauel, Frank Rußeck: Der 5-Minuten-Kasperl. München: Coppenrath.

Wer hat das geschrieben?

VORBEREITUNG

Jeder Schüler lässt sich handschriftlich einen kurzen Spruch, einen Reim oder ein kleines Gedicht von einem Elternteil auf einen kleinen Zettel schreiben.
Auf einem anderen größeren Zettel stellt sich diese Person vor, beschreibt sich selber, und begründet auch, warum sie diesen Spruch ausgewählt hat.

DURCHFÜHRUNG

Die Zettel werden in zwei Schachteln aufgeteilt.
Der Lesespieler wählt einen Spruch aus, der ihm gefällt. Nun interessiert er sich für den Verfasser des Spruches. In der zweiten Schachtel kann er durch Schriftvergleich die Beschreibung dieser Person finden. Die Kontrolle, ob er die richtige Person gefunden hat, hat er durch jene Textstelle, bei welcher der Verfasser begründet, warum er diesen Spruch geschrieben hat.

TEXTBEISPIEL

> Also lautet ein Beschluss,
> dass der Mensch was lernen muss. –
> Nicht allein das A-B-C
> bringt den Menschen in die Höh'!
>
> Ich heiße Franz Nussbaumer und bin der Vater von Christl Nussbaumer. Ich bin 42 Jahre alt und habe schon viele graue Haare. Ich bin nicht sehr groß, nämlich nur 1 m 68 cm. Aber dafür bin ich schlank und sportlich. Ich fahre gerne Rad und spiele Tennis. Am liebsten trage ich Blue Jeans und karierte Hemden. Fast hätte ich es vergessen: Von Beruf bin ich Schuhmacher. Ich arbeite in einer Schuhfabrik.
> Diesen Spruch auf dem kleinen Zettel habe ich deshalb aufgeschrieben, weil ich glaube, dass die Schule wichtig für das weitere Leben ist. Außerdem gefällt mir die Geschichte von Wilhelm Busch.

Flaschenpost

VORBEREITUNG

In einer kleinen Wanne oder Schüssel schwimmen 5 bis 10 kleine verkorkte Flaschen. In jeder Flasche befinden sich ca. 5 kleine Zettel, die Informationen enthalten.

DURCHFÜHRUNG

Mit einer Angel wird eine Flasche, an der ein Draht befestigt ist, aus dem Wasser gehievt. Durch Schütteln der Flasche gelingt es, die einzelnen Zettel zu lesen und gedanklich zu einem sinnvollen Text zu ordnen.
Die Texte können im Aufsatzunterricht der dritten und vierten Schulstufe entstehen. In Kuverts gibt es Reservetexte zum Auswechseln.

TEXTBEISPIEL

> Hallo, du Strandratte!
> Ich grüße dich herzlich von meiner Seereise.
> Ich befinde mich auf dem Luxusschiff „Lorelei".
> Die Reise geht von Neapel bis in die Karibik.
> Ich bin ein blinder Passagier und heiße Fred.
> Ich bin 12 Jahre alt und von zu Hause ausgerissen.

Gedichte bauen

VORBEREITUNG

Gedichte, die leicht zu bauen oder zu zeichnen sind, suchen.

DURCHFÜHRUNG

Es gibt mehrere Möglichkeiten die Gedichte darzustellen:

- Mit den Händen in der Luft formen.
- Mit Pfeifenputzern formen.
- Aus Plastilin formen.
- In die Sandkiste zeichnen.
- …

TEXTBEISPIELE

Mit den Händen in der Luft formen:

Das ist das Schloss

und das der Garten,

in dem Garten steht ein Baum,

auf dem Baum ist ein Nest,

in dem Nest liegt ein Ei,

in dem Ei ist ein Dotter,

in dem Dotter sitzt ein Hase,

der springt dir an die Nase!

Mit Pfeifenputzern formen:

Es war einmal ein Faden,
der lag da wie ein Strich.
Der lag da und langweilte sich.
„Was tu ich? Ich ringle mich!"
Er ringelte sich zur Spirale.
Und dann mit einem Male
machte er aus sich draus
eine Schnecke mit ihrem Haus.
Gleich wurde was Neues gemacht:
Heidiwitzka, eine 8!

Bald drauf eine Dickedull,
eine kugelrunde Null.
Dann noch, mit viel Geschick,
ein Fisch, ein Meisterstück!
„Was kann ich jetzt noch sein?",
dachte der Fisch. Da fiel ihm was ein.
„Ich schlängle mich als Schlange –
wenn wer kommt, dann wird ihm bange!"
Dass wer kommt –
drauf wartet er schon lange.

Josef Guggenmos

Am Bauernhof

VORBEREITUNG

Im Spielwarenhandel gibt es Bauernhofsets mit Tieren, Fahrzeugen, Gebäuden, Hofbewohnern, Geräten und Zäunen. Für den einmaligen Gebrauch lassen sich diese Gegenstände auch von einer Vorschulklasse ausborgen. Ansonsten bringen erfahrungsgemäß die Schüler selber genügend Material aus ihrem eigenen Spielzimmer mit. Wenn nun die Gegenstände vorhanden sind, können auf verschiedenen Zetteln Beschreibungen von Bauernhöfen verfasst werden.

DURCHFÜHRUNG

Der Spieler zieht einen Zettel und baut entsprechend der Beschreibung den Bauernhof auf.
Wenn er fertig ist, mischt er den Zettel unter die anderen Zettel und stellt nun einem Mitschüler die Aufgabe, anhand des aufgebauten Bauernhofes den richtigen Zettel zu finden.

TEXTBEISPIEL

Im Hintergrund steht das Wohngebäude. Rechts davon steht der Stall. Zwischen Wohngebäude und Stall ist gerade so viel Platz, dass ein Traktor durchfahren kann. Hinter dem Stall grenzt eine eingezäunte Weide unmittelbar an das Gebäude. Auf der Weide befinden sich eine Kuh und ein Kalb. Ein Stier ist aus der Weide ausgebrochen, er läuft gerade zum Wohnhaus. Vor dem Wohnhaus steht die Bäuerin. Sie ruft den Bauern, der den Stier einfangen soll. Er erscheint unter der Haustür …

VARIANTEN

● „Was ist los in der Westernstadt?"
● „Was ist los auf der Baustelle?"
● „Was ist los in der Ritterburg?"
● …

dann, wenn das Wort „Eichhörnchen" oder der Name des Eichhörnchens vorkommt, nimmt der Spieler eine Erdnuss.

VARIANTE FÜR DIE 1. KLASSE

Alle Gegenstände sind auf Wortkärtchen aufgeschrieben. Ein Spieler legt die Wortkärtchen auf dem Tisch auf.
Der andere Spieler stellt nun die Tiere, Personen und Gegenstände darauf. So wird der Bauernhof nach den Wünschen des 1. Spielers aufgebaut.
Schwieriger wird diese Variante, wenn der 2. Spieler die Gegenstände am Nebentisch parallel zu den am anderen Tisch liegenden Wortkärtchen aufbauen muss.

Erdnussspiel

VORBEREITUNG

Eine Geschichte, in welcher ein Eichhörnchen die Hauptrolle spielt. Ein Sack mit Erdnüssen.

DURCHFÜHRUNG

Der Spieler liest die Eichhörnchengeschichte. Immer dann, wenn das Wort „Eichhörnchen" oder der Name des Eichhörnchens vorkommt, nimmt der Spieler eine Erdnuss.
Beim zweiten Mal Lesen stellt sich der Spieler eine andere Aufgabe: Er nimmt dann eine Erdnuss, wenn das Wort „klettern" oder etwa das Wort „spielen" im Text vorkommt.

VARIANTEN

● Federnspiel (Vogelgeschichte)
● Muschelspiel (Fischgeschichte)
● Grashalmspiel (Bauernhofgeschichte)
● Schreibgerätespiel (Schulgeschichte)

Lebendige Satzglieder

VORBEREITUNG

Jeder Schüler verfasst einen Satz, der Satzaussage, Satzgegenstand und zwei Ergänzungen enthalten soll. Der Satz soll eine Aussage über eine Tätigkeit beinhalten, die unmittelbar in dieser Stunde in diesem Raum durchgeführt werden kann.

Beispiel:

Der Lehrer schreibt soeben an der Tafel. Nun zerschneidet der Schüler seinen Satz in Satzgliederkärtchen.

Alle Satzgliederkärtchen kommen nun auf einen eigenen Stapel, alle Satzgegenstände, alle Satzaussagen, alle Ortsergänzungen und alle Zeitergänzungen.

Allerdings gibt es auch einige Kärtchen, die auf die Klassensituation nicht zutreffen, z. B.:

Der Schaffner (in der Klasse gibt es keinen Schaffner), fliegt (niemand in der Klasse kann fliegen), auf den höchsten Berg der Welt (dieser ist für unsere Spieler jetzt nicht erreichbar), um Mitternacht (um Mitternacht sind die Kinder nicht in der Schule).

DURCHFÜHRUNG

Es spielen zwei oder mehrere Spieler. Jeder zieht zuerst eine Satzaussage. Ist die auf diesem Kärtchen angegebene Tätigkeit in der Klasse für den Schüler durchführbar, hat er bereits einen Punkt, wenn nicht, hat er null Punkte und scheidet für diese Runde aus. Die anderen Spieler ziehen nun reihum eine Satzergänzung und überprüfen nun abermals, ob sie einen weiteren Punkt erhalten oder ausscheiden. Sie legen nun dieses Satzglied vor oder hinter der Satzaussage an. Wem es gelungen ist, lauter passende Satzglieder zu erlangen, diese richtig zu einem Satz aneinanderzufügen (die Satzaussage muss an zweiter Stelle stehen!) und diese Tätigkeit den anderen Mitspielern auch vorzuführen, bekommt noch einen Zusatzpunkt.

Nun kann die nächste Runde beginnen. Alle Spieler – auch die vorhin ausgeschiedenen – ziehen wieder neue Kärtchen.

VARIANTE

Wer ausgeschieden ist, stellt die Tätigkeiten der anderen Spieler dar und erhält dadurch einen Zusatzpunkt.

Das Magnetmännchen wandert

VORBEREITUNG

Ein Spielzeugmännchen wird auf einem Magneten geklebt. Dieses Männchen steht auf einem großen Bild, auf dem es viel zu sehen gibt: Straßen, Häuser, Parks, Menschen, Maschinen …

Es werden einige Textkärtchen hergestellt, die die verschiedenen Wanderungen des Magnetmännchens durch das Bild beschreiben.

DURCHFÜHRUNG

Der Spieler zieht ein Textkärtchen. Nun fährt er mit einem Metallstab (z. B. Löffel) unter das Bild und lässt das Magnetmännchen während des Lesens der Beschreibung dieser entsprechend am Bild dahinwandern. Wenn zwei Spieler spielen, liest der eine und der andere lässt das Männchen wandern.

TEXTBEISPIEL

> Du startest beim Eingang der Kirche. Hier fährt gerade eine Hochzeitskutsche vor. Du bleibst kurz neben der Kutsche stehen. Dann blickst du dich um. Du siehst in der Mitte des Stadtplatzes den Stadtbrunnen. Du kühlst dich beim Brunnen etwas ab und gehst zu dem Haus, dessen Fassade gerade angestrichen wird. Du schaust den Malern eine Minute lang zu. (Schau auf die Klassenuhr!) Nun willst du die Straße überqueren. Dabei stolperst du über den Besen des Straßenkehrers. Dieser schimpft verärgert. Du gehst schnell weiter. Bei einem Marktstand, wo frische Eier, Speck und Käse angeboten werden, bleibst du stehen. Die Marktfrau mit dem weißen Kopftuch lächelt dir freundlich zu. Sie bietet an, den Speck zu kosten. Du kaufst dir ein Kilo davon. Vorbei an einem gelben Haus kommst du zur anderen Seite des Platzes. Hier begegnest du einem Briefträger. Du fragst ihn nach einem Gasthaus, denn du hast schon Hunger und Durst. „Gleich da drüben – das Gasthaus zur Sonne kann ich Ihnen empfehlen", meint er. Du bedankst dich, überquerst die Straße und nimmst gemütlich im Gastgarten des Gasthauses Platz.

Barfußlesen

VORBEREITUNG

In kleinen Holzkisten (Grundfläche ca. 30 x 40 cm) liegt jeweils anderes Material, z. B.: Sand, Steine, Erde, Gras, Rinde, Wasser in großen Gefäßen, Brettchen, Fliesen, Beton, Laub, Stoff.
Beliebige Texte.

DURCHFÜHRUNG

Der Leser zieht Schuhe und Socken aus und begibt sich immer zu jener Kiste, die den Boden beinhaltet, der gerade im Text vorkommt.
Das Spiel ist auch partnerweise möglich, wobei der Leser einen blinden Mitspieler von Kistchen zu Kistchen führt, und diesem dabei die Geschichte vorliest.

VARIANTE

Das Material liegt auf dem Tisch und wird vom Leser betastet.

Geräusche suchen

VORBEREITUNG

In Blechdosen befinden sich Materialien oder Gegenstände, die beim Schütteln verschiedene, klar unterscheidbare Geräusche von sich geben.

Die Blechdosen werden gut verschlossen. Am Dosenboden ist die Lösung aufgeschrieben. Nun werden Texte hergestellt, die diese Geräusche beinhalten. Es können Sätze zusammenhanglos aneinander gereiht werden, es können aber auch Geschichten sein, in deren Verlauf Geräusche vorkommen.
Beispiele für Geräuschbüchsen:
Kieselsteine, Sand, Nägel, Wasser, Murmeln, Streichhölzer, Plastilin, Tonklumpen, Holzstücke, Glassplitter.

DURCHFÜHRUNG

Der Text wird vom Spieler gelesen und dazu werden durch Schütteln der Blechbüchsen die dazugehörigen Geräusche ermittelt. Die Blechbüchsen, die ermittelt wurden, werden nun der Reihe nach aufgestellt. Zum Schluss werden die Geräuschbüchsen umgedreht und die auf der Unterseite sichtbaren Kontrollwörter mit dem Text verglichen. Der Text wird nun zur Seite gelegt, und man versucht, ihn mit Hilfe der Geräuschbüchsen (eventuell einem Partner) nachzuerzählen.

TEXTBEISPIELE

A: Als es den ersten Frost gab, wurde die Gemeindestraße mit Sand gut gestreut.
Der undichte Wasserhahn sorgte für ein ständiges Tropfen.
Auf dem Holzboden der Terrasse hörte man ein klapperndes Geräusch.
Als der Ball im Fenster landete, zerbarst dieses in tausend Teile.
Franz überprüfte durch Schütteln, ob die Streichholzschachtel schon leer sei.

B: Über den Kiesweg schlich sich Mario an die Villa heran. Da er fürchtete, er könnte gehört werden, nahm er die Abkürzung über die Wiese. Beim Haus angekommen, lauschte er. Er hörte Schritte im Haus. Ein Fenster wurde laut klirrend geschlossen. Aus dem Badezimmer kamen Geräusche, als ob jemand ein Bad nehmen wollte. Erschrocken zuckte er zusammen. Was war das da hinten? War es bloß das Knacken der Zweige?

19

Würfelspiele

Das Textfenster-Spiel

VORBEREITUNG

Ein roter und ein grüner Würfel. In einen Rahmen von der Größe DIN A4 kann einer von mehreren zur Auswahl stehenden Texte gelegt werden, die vorher gelesen wurden.

Der Text wird mit sechs roten und sechs grünen Kartonkärtchen, die an einer Seite einen Kartongriff haben, abgedeckt.

Sowohl die grünen, als auch die roten Kärtchen werden mit den Ziffern 1 bis 6 nummeriert.

DURCHFÜHRUNG

Spieler A legt einen Text in den Rahmen und deckt ihn mit den roten und grünen Kärtchen ab. Nun würfelt Spieler B mit beiden Würfeln. Er entfernt nun die Kärtchen mit der Nummer, die die Würfelbilder anzeigen. Wie viele Würfe braucht er, um zu erraten, um welche Geschichte es sich handelt? Bei mehreren Ratenden ist der Spieler der Sieger, der am ehesten den Titel der Geschichte errät.

VARIANTE

Die Geschichte ist den Ratenden unbekannt.

Der Spielleiter entfernt willkürlich alle zehn Sekunden (einmal oben, einmal unten, einmal in der Mitte) ein Abdeckkärtchen, bis der ganze Text sichtbar ist. Dann nimmt er den Text und ermittelt, wieviel die Ratenden von der Geschichte erfasst haben.

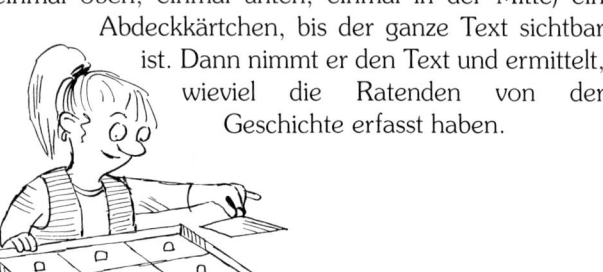

Das ICH-DU-WIR-Würfelspiel

VORBEREITUNG

Ein Würfel, eine Spielfigur je Spieler, ein ICH-DU-WIR-Würfel.

Die Aktionskärtchen (siehe Kopiervorlage!) werden ausgeschnitten. Auf einem Karton werden 18 Felder aufgezeichnet. Jedes dritte Feld ist ein Aktionsfeld, auf dem je drei Aktionskärtchen mit dem Rücken nach oben liegen. Ein Feld wird als Startfeld gekennzeichnet.

DURCHFÜHRUNG

Reihum wird gewürfelt und die entsprechende Augenzahl mit der Spielfigur gezogen. Landet die Figur auf einem Aktionsfeld, würfelt der Spieler noch zusätzlich mit dem ICH-DU-WIR-Würfel.

Dieser Würfel bestimmt, ob der Spieler selber (ICH), ein von ihm auserwählter Mitspieler (DU) oder alle Spieler (WIR) diese Tätigkeit, die auf dem Kärtchen angeführt ist, durchführen muss. Nach Durchführung der Tätigkeit wird das Kärtchen wieder unter den Stapel des Aktionsfeldes geschoben. Da die 18 Felder kreisförmig am Spielbrett angeordnet sind, kann das Spiel beliebig lange gespielt werden. Es können von den Spielern noch weitere Aktionskärtchen hergestellt werden.

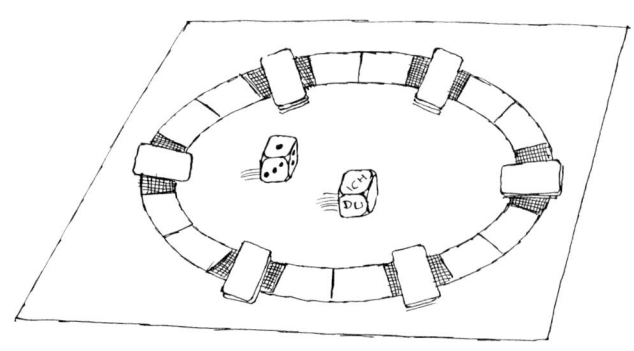

Information erwürfeln

VORBEREITUNG

1 Würfel
Jeder der beiden Spieler hat einen anderen Text.

DURCHFÜHRUNG

Spieler A würfelt z. B. eine Drei. Spieler B muss nun dem Spieler A drei beliebige Wörter aus dem ersten Satz seines Textes vorlesen, die sich dieser zu merken versucht.
Nun würfelt Spieler B. Er würfelt z. B. eine Vier. Spieler A liest nun dem Spieler B vier beliebige Wörter aus dem ersten Satz seines Textes vor. Nun kommt wieder Spieler A zum Würfeln dran. Spieler B liest wieder vor. Sind alle Wörter eines Satzes vorgelesen, sagt der Vorleser „Punkt". Nun gibt der Zuhörer den Satz sinngemäß wieder. Gelingt das, kommt er gleich noch einmal mit dem Würfeln dran.

Spielstraße mit Textkärtchen

VORBEREITUNG

Für jeden Spieler ein Würfel und eine Spielfigur. Textfragmente von 6 Texten, die allen Spielern bekannt sind, werden auf je drei Kärtchen geschrieben. Diese 18 Kärtchen werden gemischt und mit der Rückseite nach oben im Kreis aufgelegt.

DURCHFÜHRUNG

Alle Spielfiguren stehen auf einem Startfeld (Kärtchen), das als solches vereinbart wurde. Reihum wird gewürfelt und mit der Spielfigur gezogen. Das Kärtchen, auf dem die Spielfigur zu stehen kommt, wird vom Spieler umgedreht. Dieses Kärtchen bleibt nun lesbar auf seinem Platz liegen. So werden nach und nach alle Kärtchen aufgedeckt. Wird ein Kärtchen aufgedeckt, das ein Terzett vervollständigt, weil die beiden anderen Kärtchen auch bereits aufgedeckt sind, darf dieser Spieler die 3 Kärtchen nehmen. Sieger ist, wer zum Schluss die meisten Terzette hat.

Ich-Du-Wir-Lautlesen

VORBEREITUNG

Ein ICH-DU-WIR-Würfel, für jeden Spieler der gleiche Text.

DURCHFÜHRUNG

Reihum wird gewürfelt. Zeigt der Würfel „ICH", so liest der Spieler den folgenden Absatz selber laut vor und die anderen schließen das Buch. Bei „DU" darf der Würfelnde den Vorleser bestimmen, bei „WIR" wird der Absatz von allen im Chor gemeinsam gelesen.

Zeilenwürfeln

VORBEREITUNG

Eine Spielfigur und ein Würfel.
Eine Kurzgeschichte oder ein Gedicht werden so vergrößert, dass eine Spielfigur bequem auf einer Zeile Platz hat. Der Text ist der Spielplan. Der Start ist die Titelzeile des Textes.
Neben dem Spielplan liegen gut lesbar etwa 10 Kärtchen, auf denen Textfragmente oder auch gekürzte und leicht veränderte Textstellen stehen.

DURCHFÜHRUNG

Reihum wird gewürfelt und entsprechend der Augenzahl mit der Spielfigur gezogen. Jede Zeile entspricht einem Würfelpunkt. Die Spielfigur wandert also senkrecht die Zeilen hinunter.
Passiert die Spielfigur eine Textstelle, die auch auf einem der Textkärtchen zu finden ist, darf das Textkärtchen von jenem Spieler genommen werden, der soeben mit der Spielfigur gezogen ist. Wer zum Schluss die meisten Kärtchen hat, ist Sieger.

TEXTBEISPIEL

(Siehe S. 22!)

Das Müllschluckerauto

Wie jeden Montag fuhr auch heute das große, orange Müllauto los, um den Müll der Leute abzuholen. Es war ein sehr gefräßiges Müllauto, das ständig Hunger hatte. Viele Mülltonnen trank es aus und schlang deren Inhalt in sich hinein. Trotzdem verspürte es immer noch Hunger, wenn es abends nach Hause kam und den Müll am Sammelplatz ausleerte: „Ach, wenn es nur noch mehr Müll gäbe", stöhnte das Müllauto hungrig. Auch heute kamen ihm die Mülltonnen wieder viel zu klein und viel zu wenig gefüllt vor. Aber was sah es da? Stand da nicht ein Behälter mit leckerem Zeitungspapier neben der Mülltonne? Und gierig schlang es die Zeitungen in sich hinein. Als das Müllauto um die nächste Kurve fuhr, stieg ihm ein wunderbar fauliger Geruch in die Nase: ein Komposthaufen. Das Wasser lief ihm vor Appetit in der Motorhaube zusammen. Flugs war auch der Komposthaufen verschlungen. Schwerfällig und mit dickem Bauch rollte das Auto weiter und blieb an der nächsten Kreuzung stehen. „Diesen prallgefüllten Aludosen-Container da neben der Ampel wollte ich mir schon lange schmecken lassen." Und auch die rostigen Alteisenstangen wurden wie Soletti verschlungen. Die Fahrt des Müllautos wurde immer träger. Das Durcheinander in seinem Bauch verursachte ein unheimliches Rumpeln. Bei der Sammelstelle angekommen, war das Müllauto froh, seine schwere, rumpelnde Last abzukippen. Da staunte der Müllbagger nicht schlecht, als er dieses Durcheinander sah. „Wie soll ich in dieses Durcheinander jemals wieder Ordnung bringen?", fragte er, „Und wie du erst aussiehst! Du bist ja ganz verklebt vom Kompost, verstopft vom Papier und zerbeult von den Eisentrümmern. Du brauchst drei Tage für die Reinigung, Reparatur und Pflege."

Da stand es nun, das Müllauto und sehnte sich nach dem Tag, an dem es wieder losfahren und die Mülltonnen vorschriftsmäßig ausleeren durfte.

(aus: B. Badegruber/F. Pirkl, Geschichten zum Problemlösen, Linz, Veritas Verlag 1993.)

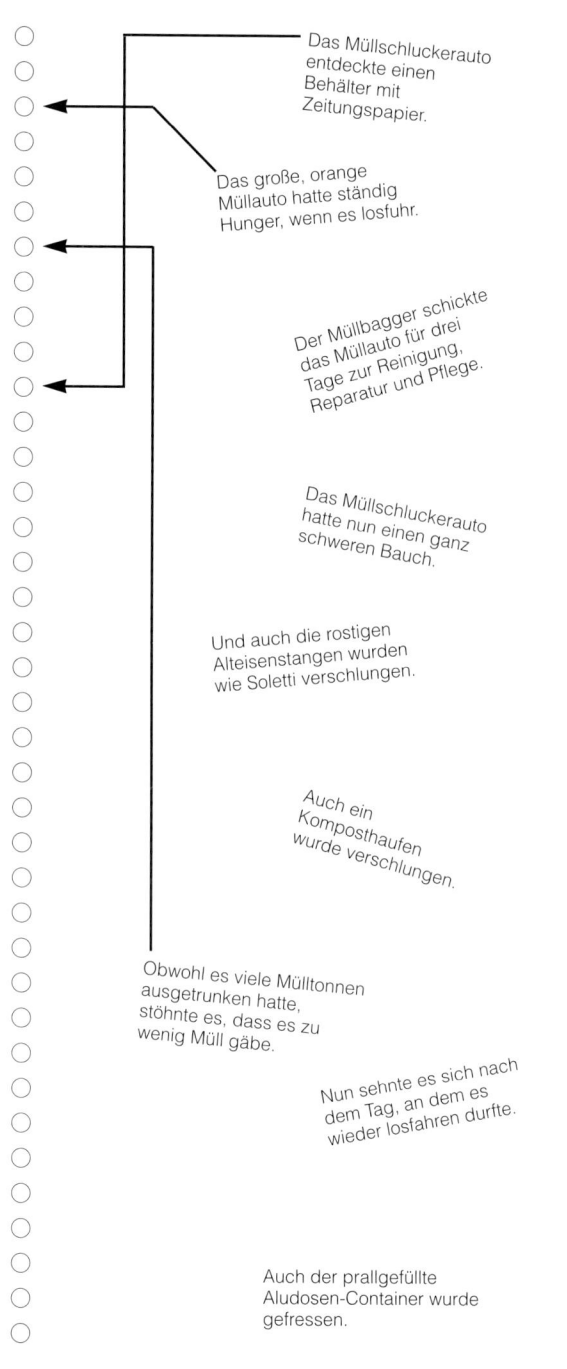

Das Müllschluckerauto entdeckte einen Behälter mit Zeitungspapier.

Das große, orange Müllauto hatte ständig Hunger, wenn es losfuhr.

Der Müllbagger schickte das Müllauto für drei Tage zur Reinigung, Reparatur und Pflege.

Das Müllschluckerauto hatte nun einen ganz schweren Bauch.

Und auch die rostigen Alteisenstangen wurden wie Soletti verschlungen.

Auch ein Komposthaufen wurde verschlungen.

Obwohl es viele Mülltonnen ausgetrunken hatte, stöhnte es, dass es zu wenig Müll gäbe.

Nun sehnte es sich nach dem Tag, an dem es wieder losfahren durfte.

Auch der prallgefüllte Aludosen-Container wurde gefressen.

Der Würfel in der Schachtel

VORBEREITUNG

Im Deckel einer Schuhschachtel liegt ein Bild, eine Schülerzeichnung oder ein aufgeschlagenes Bilderbuch. (Besonders eignen sich dazu die Bilderbücher von Ali Mitgutsch, wie „Rundherum in meiner Stadt" oder „Bei uns im Dorf".)

Daneben am Tisch liegt die in einzelne Teile zerschnittene und auf Kärtchen geklebte Bildbeschreibung.

Gewürfelt wird mit einem Würfel und einem Würfelbecher.

DURCHFÜHRUNG

Zuerst werden von den Spielern alle Beschreibungskärtchen gelesen und dann umgedreht, sodass die Schrift nicht sichtbar ist. Nun würfelt der erste Spieler in den Schachteldeckel.

Der Spieler versucht nun das Textkärtchen umzudrehen, das jenen Bildteil beschreibt, auf dem der Würfel liegengeblieben ist.

Es ist auch noch Glück dabei: Hat er das richtige Kärtchen umgedreht, erhält er die Punkteanzahl, die der Würfel zeigt. Dann legt er das Kärtchen wieder an seinen Platz zurück.

Sieger ist, wer zuerst wie vereinbart, 20, 50 oder 100 Punkte erreicht.

TEXTBEISPIEL

Danach bat Pippi sie in das Wohnzimmer. Dort stand nur ein Möbelstück Das war eine große Klappkommode mit vielen kleinen Schubladen. Pippi öffnete die Schubladen und zeigte Thomas und Annika all die Schätze, die sie dort verwahrt hatte. Da waren seltsame Vogeleier und merkwürdige Schnecken und Steine, kleine feine Schachteln, schöne silberne Spiegel und Perlenketten und vieles andere, was Pippi und ihr Vater während ihrer Reisen um die Erde gekauft hatten.

Und nun gingen sie durch die verfallene Gartentür der Villa Kunterbunt den Kiesweg entlang, an dessen Rändern moosbewachsene Bäume standen, richtig feine Kletterbäume, und hinauf zur Villa und auf die Veranda. Da stand das Pferd und fraß Hafer aus einer Suppenschüssel. „Warum in aller Welt hast du ein Pferd auf der Veranda?", fragte Thomas. Alle Pferde, die er kannte, wohnten in einem Stall.

Ganz verstanden Thomas und Annika das nicht, aber sie dachten, dass es vielleicht ein ganz praktisches Verfahren wäre. Inzwischen waren sie in die Küche gekommen, und Pippi schrie: „Jetzt woll'n wir Pfannkuchen backen!" Und nun holte sie drei Eier und warf sie in die Luft. Eins der Eier fiel ihr auf den Kopf und ging kaputt, sodass ihr das Eigelb in die Augen rann. Aber die anderen fing sie geschickt in einem Topf auf, wo sie entzweigingen.

(aus: Astrid Lindgren, Pippi Langstrumpf. Hamburg: Oetinger 1967)

Wörter sammeln

VORBEREITUNG

Je Spieler 2 Würfel und 1 Lesebuch, 1 Block und 1 Bleistift zum Notieren der Punkte, Suchkärtchen.

Beispiele für Suchkärtchen:

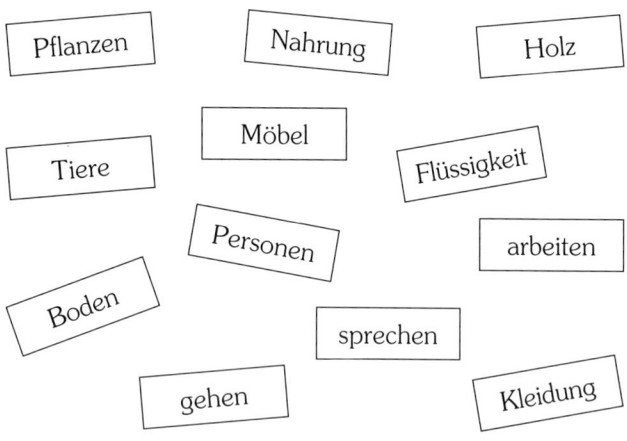

DURCHFÜHRUNG

Jeder Spieler würfelt mit den beiden Würfeln. Daraus ergibt sich die Seitenzahl, die er in seinem Lesebuch aufschlagen muss.
Beispiel: Er würfelt eine 2 und eine 4 und kann nun entscheiden, ob er die Seite 24 oder die Seite 42 aufschlägt.
Die Suchkärtchen werden gemischt und ein Spieler zieht ein Kärtchen, das er für alle sichtbar auf den Tisch legt.
Nun lesen alle Spieler so lange still in ihrem Lesebuch fortlaufend dahin, bis der erste Spieler die drei Wörter gefunden hat, die zu dem gesuchten Oberbegriff gehören, und „Stopp!" ruft.
Er hat die drei Begriffe notiert und liest sie vor. Er bekommt drei Punkte. Die anderen Spieler bekommen ihrem Suchergebnis entsprechend zwei, einen oder null Punkte.

VARIANTE

Es kann mit dem Würfel festgelegt werden, wie viele Wörter zu finden sind.

TEXTBEISPIEL

Eines Tages besuchten sie mit Onkel Jonas eine Gemäldegalerie. Das Bild, das Susi und Alfred am besten gefiel, zeigte einen Ritter, der eine Prinzessin vor einem schrecklichen Drachen rettete.

(aus: Helen Craig: Susi und Alfred und der Kampf mit dem Drachen)

Suchkärtchen | Personen | Würfelbild

Notizblock: Onkel Jonas, Susi, Alfred, Ritter, Prinzessin

Gut und Böse – Hindernislauf

VORBEREITUNG

Ein Würfel und für jeden Spieler eine Spielfigur.
Von fünf bekannten Märchen werden Textfragmente auf je drei Kärtchen geschrieben.
Jeweils auf zwei Kärtchen stehen Textteile, in denen die guten Märchenfiguren, z. B. Hänsel und Gretel, vorkommen, auf einem Kärtchen kommt eine böse Märchenfigur, z. B. die Hexe, vor. Die 15 Kärtchen werden gemischt und mit dem Text nach oben im Kreis als Spielstraße aufgelegt.

DURCHFÜHRUNG

Gestartet wird von einem vereinbarten Spielfeld, das auch dann gleichzeitig das Ziel ist. Reihum wird gewürfelt und gezogen. Käme man auf ein „schlechtes" Kärtchen zu stehen, darf man nicht vorrücken. Nur die „guten" Felder dürfen betreten werden. Sieger ist, wer als erster die Runde bewältigt hat.

VARIANTE

Ein beliebiger Text wird in 15 Textkärtchen zerlegt.
Dann werden die Kärtchen gemischt und mit dem Text nach oben im Kreis aufgelegt. Die Spieler lesen nun, bevor sie mit dem Spiel beginnen, die Kärtchen gemeinsam durch. Neben jedes Kärtchen, das sie als „negativ" (aggressiv, traurig, schrecklich, böse, …) empfinden, legen sie eine Spielbohne oder eine Spielmünze. Das sind die Spielfelder, die nicht betreten werden dürfen. Käme man beim Würfeln dennoch auf ein solches Feld, muss man drei Felder zurück.

Lesekreuzworträtsel

VORBEREITUNG

Zwei Würfel je Schüler, viele Kärtchen zum Verfassen von Mini-Kreuzworträtseln, Schreibzeug.

Jeder Spieler hat eine andere kurze Geschichte (vielleicht einen selber verfassten Aufsatz) vor sich liegen.

DURCHFÜHRUNG

Die Spieler haben ihre Texte verdeckt vor sich liegen. Jeder Spieler würfelt mit beiden Würfeln, addiert die beiden Würfelergebnisse und merkt sich seine Zahl. Hat der letzte Spieler seine Zahl notiert, decken alle Spieler ihre Texte auf und verfassen blitzschnell auf einem Kärtchen ein Minikreuzworträtsel mit Wörtern aus dem ersten Satz ihrer Geschichte.

TEXTBEISPIEL

Die Anzahl der Wörter des Minikreuzworträtsels entspricht der oben beschriebenen Würfelsumme. Hat der erste Satz zu wenig Wörter, muss eben ein kleineres Kreuzworträtsel hergestellt werden. Wer zuerst sein Kreuzworträtsel fertig hat, ist Sieger dieser Runde. Er bekommt die Anzahl der Würfelsumme als Punkte und zwei Punkte dazu. Die anderen Spieler stellen nun in Ruhe ihre Kreuzworträtsel fertig und bekommen die Anzahl ihrer Wörter als Punkte.

Nun beginnt die zweite Runde. Jeder würfelt wieder und macht nun mit dem zweiten Satz seines Textes ein Kreuzworträtsel usw.

Nach mehreren (vorher vereinbarten) Runden werden alle Kreuzworträtselkärtchen gemischt. Reihum zieht jeder Spieler ein Kärtchen. Kann er das Kärtchen auf den richtigen, am Tisch liegenden Text legen, bekommt er abermals die Punkte entsprechend der Wörter auf diesem Kärtchen gutgeschrieben.

Auf einem Apfelbaum wuchsen viele kleine, grüne Äpfel.

Sie hatten viel Spaß auf ihren Zweigen. Vor allem, wenn die Bienen zu Besuch kamen, freuten sie sich über das Summen, und wenn die Maikäfer herumschwirrten, kitzelte das lustig ...

Zu Satz 1: Würfelsumme 4

Zu Satz 2: Würfelsumme 6

```
                    W
        APFELBAUM
        U           C
        F           H
                    S
                    VIELE
                    N
```

```
                        SIE
                        H
                        B       R
                    ZWEIGEN
                        E       N
            HATTEN
                U       E
                F       N
```

Lange und kurze Sätze

VORBEREITUNG

1 Würfel, ein beliebiger Text.

DURCHFÜHRUNG

Der Leser liest den ersten Satz eines Textes. Nun würfelt er. Er muss nun versuchen, mit so vielen Wörtern, wie das Würfelbild zeigt, diesen Satz sinngemäß wiederzugeben und dem Spielpartner vorzulesen. Dieser kann nun versuchen zu raten, wie der Originalsatz gelautet haben mag.

VARIANTE

Der Leser sucht sich nach dem Würfeln einen beliebigen Satz des ersten Absatzes aus, um diesen dem Partner in oben erwähnter, veränderter Form vorzulesen. Dieser sucht nun den Originalsatz im Text.

Das verflixte „und"

VORBEREITUNG

1 Würfel, Spielfiguren, ein beliebiger Text als Spielplan. Festlegung der Regeln:
- Hauptwort: 1 Feld vorrücken.
- Eigenschaftswort: 2 Felder vorrücken.
- Zeitwort: 3 Felder vorrücken.
- Andere Wörter: stehen bleiben.
- Das Wort „und": Zurück zum Start.

DURCHFÜHRUNG

Der Start aller Spielfiguren ist beim ersten Wort des Textes. Der Würfel führt den Spieler Wort für Wort durch den Text. Die Wortart auf welcher die Spielfigur jeweils landet, entscheidet über das Weiterkommen. Das Ziel befindet sich an einer am Beginn vereinbarten Stelle – etwa bei der zehnten Zeile.

VARIANTE

Wer auf dem letzten Wort eines Satzes landet (also vor einem Punkt), darf vier Felder weiterziehen, wenn er den entsprechenden Satz auswendig wiederholen kann.

Kalenderlesen

VORBEREITUNG

Zwei Würfel, ein Kalender, der für jeden Tag des Jahres eine eigene Seite mit einem kurzen Text (mit dem Tageshoroskop / mit einem Witz / mit dem Spruch des Tages) hat.

DURCHFÜHRUNG

Die Würfel sagen dem Leser, welcher Monat und welcher Tag heute ist. Dieses Kalenderblatt wird gesucht und gelesen.
Beispiel: Die Würfel zeigen die Würfelbilder 6 und 5 – ergibt addiert 11 – den November.
Der zweite Wurf zeigt 2 und 4 – ergibt 6 oder 24 – der Spieler kann es sich aussuchen. Er liest nun das Kalenderblatt vom 6. oder vom 24. November.

Chinesisch lesen

VORBEREITUNG

Ein Würfel, bei dem jede Seite mit einem anderen Selbstlaut versehen ist. Die sechste Seite zeigt alle 5 Selbstlaute gleichzeitig. Ein beliebiger Text.

DURCHFÜHRUNG

Der erste Spieler würfelt einen Selbstlaut. Er ersetzt nun beim lauten Vorlesen des ersten Absatzes des Textes alle Selbstlaute durch den gewürfelten. Hat er seinen Absatz fertig vorgelesen, versucht der Zuhörer, das Gehörte nachzuerzählen. Nun kommt der andere Spieler dran. Erscheint die Würfelseite mit allen fünf Selbstlauten, wird der Text unverändert gelesen.

Kommissar

VORBEREITUNG

Ein Würfel, ein Schachbrett mit den Ausmaßen 16 x 16 Zentimeter und Häuserreihen, die um das Schachbrett gelegt werden. (Siehe Kopiervorlage!)

Hinter jedem Haus liegen zwei Kärtchen mit dem Text nach unten. Die Kärtchen werden von den Schülern oder vom Lehrer hergestellt. Sie geben Informationen über Funde des Kommissars bei Hausdurchsuchungen. Diese Funde können harmloser Art sein, z. B.: In der Tischlade findest du einen alten Kalender. Sie können aber auch verdächtiger Art sein, z. B.: Auf der Kommode neben der Wohnzimmertür liegt eine Pistole. Ein Drittel aller Kärtchen sind Hausdurchsuchungsaufträge mit Beschreibungen von Häusern, die von dem Kommissar als Nächstes durchsucht werden müssen.

DURCHFÜHRUNG

Es können zwei oder mehrere Spieler spielen. Gestartet wird mit Spielfiguren von der Mitte des Spielfeldes. Der Spieler würfelt und kann gerade oder diagonal ziehen. Bei einem Haus angelangt, nimmt er ein dahinter liegendes Kärtchen und liest es. Enthält dieses Kärtchen eine verdächtige Information, behält der Spieler das Kärtchen, ein unverdächtiges Kärtchen legt er unter das übrig gebliebene Kärtchen, das ebenfalls hinter diesem Haus liegt. Bei der nächsten Spielrunde sucht sich der Spieler ein anderes Haus, das er durch Würfeln zu erreichen versucht. Hat er aber ein Kärtchen mit einem bestimmten Hausdurchsuchungsauftrag gezogen, muss er dieses Kärtchen behalten und als Nächstes dieses Haus durch Würfeln zu erreichen versuchen. Wer am Schluss die meisten verdächtigen Kärtchen hat, ist Sieger.

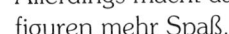

Die Bremer Stadtmusikanten

VORBEREITUNG

Etwa 6 bis 10 flache Tierfiguren aus Holz. Mehrere Texte, die verschiedene Möglichkeiten beschreiben, wie die Tiere aufeinanderklettern können. Es müssen dabei nicht nur die bekannten Bremer Stadtmusikanten – der Esel, der Hund, die Katze und der Hahn – zum Zug kommen, auch vier andere Tiere können beschließen, nach Bremen zu ziehen. Bei den flachen Holzfiguren ist es auch möglich, dass vielleicht einmal die Katze ganz unten steht und der Esel sich auf deren Rücken stellt. Andere Textkärtchen können auch beschreiben, in welcher Reihenfolge die Tiere marschieren oder wie sich die Tiere zu einem Gruppenfoto aufstellen. (Siehe Kopiervorlage)

Jeder Text wird mit einer Würfelaugenzahl versehen.

DURCHFÜHRUNG

Es kann ein Spieler alleine spielen oder es kann partnerweise gespielt werden. Jeder Spieler würfelt, nimmt sich den Text mit der entsprechenden Würfelzahl und baut die Tiere dem Text entsprechend auf. Der Partner kontrolliert dann, ob Text und die Tiere übereinstimmen.

VARIANTE

Wenn keine flachen Holzfiguren vorhanden sind, können auch Bilder von Tieren gelegt werden.

Allerdings macht das Spiel mit Holzfiguren mehr Spaß.

Konzentrationslesespiele

Glockenspiel-Wörter

VORBEREITUNG

Ein Glockenspiel oder Xylophon mit aufgemalten oder
eingeprägten Notenbezeichnungen, also:
C D E F G A H B
Der Spieler schreibt auf einem Zettel auf, welche Wörter
sich mit diesen Buchstaben zusammenstellen lassen.

DURCHFÜHRUNG

Ein Spieler spielt die auf seinem Zettel vorbereiteten
Wörter, der andere liest mit.

WORTBEISPIELE

DA   AB   FAD   ACH   GAB   BAD
FACH   DACH   BACH   HABE   HEBE   AFFE …

Kreisellesen

VORBEREITUNG

In einem Schachteldeckel liegt ein Text. Ein Kreisel
bewegt sich im Schachteldeckel.

DURCHFÜHRUNG

Ein Spielpartner lässt den Kreisel über den Text wandern.
Er liest die Textfragmente, die der Kreisel gerade passiert, laut vor. Der zweite Spieler hört lediglich zu und
versucht am Ende, die ganze Geschichte zu rekonstruieren und nachzuerzählen.

HINWEIS

Nur für Schnellleser.
Anfangs (ca. die ersten 5 Sekunden) bewegt sich der
Kreisel oft zu schnell, um lesend verfolgt werden zu
können.

Hindernislesen

VORBEREITUNG

In einen Schachteldeckel wird ein unbekannter Text
gelegt. Dann werden Glasmurmeln in den Deckel
geschüttet, sodass nur drei Viertel des Textes sichtbar
sind.

DURCHFÜHRUNG

Durch Bewegen des Schachteldeckels rollen die Murmeln, Textteile werden sichtbar und der Text kann
stückweise gelesen werden.

Hörpuzzle

VORBEREITUNG

Wir machen eine Zeichnung von unserer Klasse. Auf
der Zeichnung sind viele Details von dem zu erkennen,
was im Schulalltag in einer Klasse passiert.
Auf einer Kassette werden einzelne Geräusche hintereinander aufgenommen von dem, was auf der Zeichnung zu sehen ist.
Die Zeichnung wird auf Karton geklebt, mit Folie über-
zogen und in Puzzleteile zerschnitten.
Nun werden die auf den Puzzleteilen erkennbaren Tätigkeiten auf Textkärtchen beschrieben.

DURCHFÜHRUNG

Der Spieler sucht zum Tonbandgeräusch den entsprechenden Puzzleteil und den Textteil.

TEXTBEISPIEL

- Zwei Kinder streiten um einen Bleistiftspitzer.
- Ein Kind wäscht sich die Hände.
- Ein Kind sagt dem anderen ein Diktat an.
- Eine Schere fällt zu Boden.
- Ein Kind hat einen Turm gebaut, der Turm fällt um.
- Eine Schachtel mit Farbstiften wird ausgeleert.

Sprechblasenspiel

VORBEREITUNG

Comicseiten ohne Text werden gesammelt.
Ausrufe aus Comics werden auf Karton in Sprechblasen geschrieben und ausgeschnitten. Diese „Sprechblasenausrufsammlung" soll sehr umfangreich sein.

DURCHFÜHRUNG

Der Spieler sucht zu jedem Comicbild passende Sprechblasen. Dann nimmt er das Bild weg und es sind nur noch die Sprechblasen sichtbar. Der Spieler kann nun anhand der Sprechblasen eine schriftliche Erzählung verfassen, er kann einen Mitspieler anhand der Sprechblasen über den Inhalt der Comicgeschichte rätseln lassen oder er kann einem Spielpartner die richtige Bildserie dieser Sprechblasenserie zuordnen lassen.

VARIANTE

Sprechblasenlotto: Jeder Spieler erhält 8 Sprechblasenausrufe und legt sie vor sich auf. Von einem Stapel zerschnittener Comicgeschichten werden Einzelbilder abgehoben. Der Spieler, der zuerst einen Ausruf sagt, den er auf einer seiner Sprechblasen stehen hat, und der zu dem abgehobenen Bild passt, bekommt das Bild und legt es zu seiner entsprechenden Sprechblase.
Wer als Erster alle Sprechblasen mit Bildern versehen hat, ist Sieger.

Bilderbuchmemory

VORBEREITUNG

Zu jeder Doppelseite des Bilderbuches wird ein Leitsatz auf ein Kärtchen geschrieben.

DURCHFÜHRUNG

Alle Kärtchen werden mit der Rückseite nach oben auf den Tisch gelegt. Die erste Seite des Bilderbuches wird aufgeblättert.
Reihum dreht jeder Spieler ein Kärtchen um. Wer das passende Kärtchen gefunden hat, darf es behalten und im Bilderbuch weiterblättern. Die anderen Kärtchen werden wieder umgedreht und bleiben auf dem Tisch liegen.
Sieger ist, wer die meisten Kärtchen hat.

Schüttelschachtel

VORBEREITUNG

Eine Schuhschachtel.
Wir brauchen 6 Texte in doppelter Ausführung. Jedes Textblatt wird in 10 Teile zerschnitten und diese werden auf Kärtchen geklebt. Alle 60 Kärtchen kommen in die Schachtel.
Jeder Spieler hat einen oder mehrere Texte vollständig vor sich liegen.

DURCHFÜHRUNG

Ein Spieler schüttelt kräftig die Schachtel. Dann wird der Deckel abgenommen. Wer einen Textteil vollständig erkennen kann, der zu seinem Textblatt gehört, darf dieses Kärtchen nehmen. Nun wird vielleicht auch noch ein anderer Textteil vollständig sichtbar. Auch dieser darf vom entsprechenden Spieler genommen werden. Wer als Erster fünf Karten seiner Geschichte nehmen konnte, ist Sieger.

Der rote Faden

VORBEREITUNG

Auf ein Holzbrett mit der Fläche 30 x 30 cm wird in der Mitte ein Kreis mit dem Durchmesser von 20 cm aufgezeichnet.

Auf dem Kreis werden 8 Nägel in gleichem Abstand eingeschlagen.

An einem Nagel wird ein 150 cm langer roter Wollfaden befestigt. Auf einem 30 x 30 cm großen Karton werden 8 Textpassagen eines Textes außerhalb eines Kreises von 20 cm Durchmesser gleichmäßig angeordnet. Der Innenkreis wird ausgeschnitten.

Nun kann dieser Textkartonring so über das Nagelbrett gestülpt werden, dass hinter jedem Nagel ein Textteil zu liegen kommt.

Der Beginn der Geschichte ist rot gekennzeichnet und liegt bei dem Nagel, bei dem der rote Faden befestigt ist.

DURCHFÜHRUNG

Der Spieler sucht sich einen der Textkartons aus.

Dazu liest er, bevor er mit dem Fadenspiel beginnt, den dazugehörigen vollständig bereitliegenden Text, den er dann weglegt. Nun legt er den Textkarton auf die Holzplatte und schlingt den Faden dem Verlauf der Geschichte entsprechend von Nagel zu Nagel. Im einfachsten Fall entsteht mit dem Faden ein Achteck – nämlich dann, wenn die Textteile reihum in der richtigen Reihenfolge angeordnet sind.

Sind die Textteile kreuz und quer angeordnet, entsteht als Fadenbild ein Stern. Als Kontrolle dient das vollständige Textblatt. Auf diesem kann auch das Fadenmuster aufgezeichnet sein.

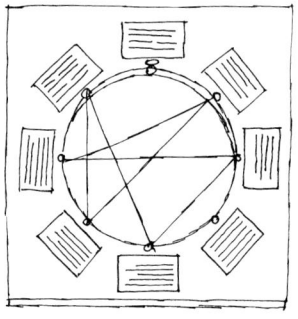

Zickzacklesen

VORBEREITUNG

Mehrere Texte in DIN A4-Format. Eine Overheadfolie im gleichen Format, ein Overheadstift.

Auf der Overheadfolie wird eine Zickzacklinie mit etwa zehn Zacken, von links nach rechts und von rechts nach links laufend gezeichnet, die in der linken oberen Ecke der Folie beginnt und in der rechten unteren Ecke endet.

DURCHFÜHRUNG

Alle Texte werden von allen Spielern gelesen. Nun werden die Texte gemischt. Ein Spieler zieht einen Text so, dass die anderen Spieler nicht sehen können, welchen Text er genommen hat. Er legt nun die Overheadfolie auf den Text und liest jene Wörter vor, die von der Zickzacklinie gestreift wurden.

Die Zuhörer schreiben den Titel der Geschichte auf einen Zettel. Wer richtig geraten hat, bekommt einen Punkt.

VARIANTEN

- Labyrinthlesen: Statt der Zickzacklinie bewegt sich eine beliebige Linie zehnmal kreuz und quer über die Folie.
- Spirallesen: Eine Spirale wird auf der Folie aufgezeichnet.
- Felderlesen: 20 münzgroße Felder sind auf der Folie aufgezeichnet.

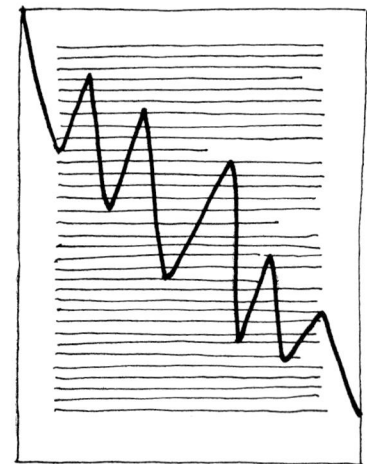

Klapperlesen

VORBEREITUNG

Etwa 30 Kieselsteine und eine Blechdose.
Ein Lesetext.

DURCHFÜHRUNG

Ein Spieler lässt einen Kieselstein in die Blechdose fallen. Das ist das Zeichen für seinen Lesepartner, dass er das erste Wort seines Textes laut lesen darf. Nach einigen Sekunden Pause wird nun der zweite Kieselstein in die Dose geworfen. Das zweite Wort wird nun laut gelesen. Bei längeren oder schwierigeren Wörtern wird dem Leser mehr Zeit zum stillen, vorausschauenden Lesen gelassen, bevor der nächste Kieselstein fällt.
Sind alle 30 Kieselsteine verbraucht, wird mit dem Text von vorne begonnen. Nun werden aber immer Wortgruppen, eventuell ganze Satzglieder gelesen. Bei der dritten Runde werden immer ganze Sätze gelesen.

HINWEIS

Dieses Spiel will das vorausschauende und gemächliche Lesen schulen. Es wird dabei immer vom Leser jedes Wort (jeder Satzteil/jeder Satz) zuerst still und dann nach Ertönen des Signals laut gelesen. Langsamen Lesern wird zwischen den einzelnen Kieselsteinen mehr Zeit gegönnt.

Satzzeichen-Würfelspiel

VORBEREITUNG

Ein Würfel, ein Spielplan mit 100 Feldern, ein Text. Jedes Feld des Spielplans ist mit einem Satzzeichen versehen: Punkt, Fragezeichen, Rufzeichen, Anführungszeichen. Jedes fünfte Feld ist ein leeres Feld.

DURCHFÜHRUNG

Reihum würfelt jeder Spieler. Er zieht mit seiner Spielfigur auf das entsprechende Feld. Nun liest er den ersten Satz der Geschichte laut vor. Er muss nun diesen Satz entsprechend dem Satzzeichen des Spielfeldes auf dem er gerade steht, verändern. Schafft er das, darf er bis zum nächsten Leerfeld vorrücken.

BEISPIEL

Martin war heute traurig nach Hause gekommen.
„Martin, warum bist du denn heute so traurig?", fragte die Mutter. (Das Spielfeld zeigte die Anführungszeichen)
Oder: Sei doch nicht traurig, Martin! (Das Spielfeld zeigte ein Rufzeichen.)

Kugellesen

VORBEREITUNG

Auf sieben (die Märchenzahl 7) Styroporkugeln (Durchmesser 8 cm) werden je 4 Sätze in Satzgliedfragmenten aufgeschrieben.
Auf jeder Kugel sind nun vier Sätze eines anderen Märchens zu lesen.

DURCHFÜHRUNG

Der Spieler A gibt der am Boden liegenden Kugel einen leichten Stoß. Diese rollt nun langsam durch den Raum. Wenn sie zum Stehen kommt, wird sie vom Spieler A aufgehoben.
Spieler B ist der rollenden Kugel gefolgt. Sobald sie stehen geblieben ist und Spieler A sie aufgehoben hat, nennt Spieler B den Titel des Märchens. Außerdem bekommt er für jedes Wort, das er von der rollenden Kugel abgelesen hat und an das er sich erinnern kann, einen Punkt.

Lupenlesen

VORBEREITUNG

Eine Lupe und stark verkleinerte Texte, die mit freiem Auge kaum lesbar sind.

DURCHFÜHRUNG

Die Lupe übt auf Kinder Faszination aus. Die Schüler empfinden sie als das Werkzeug eines Forschers, das ihnen ermöglicht, Geheimnisse zu lüften. Die Kinder lesen also mit der Lupe die verkleinerten Texte auch ohne besondere Spielregel. Selbstverständlich können aber auch Varianten gefunden werden, bei denen Regeln eingebaut sind.

VARIANTEN

● Bei einem Würfelspiel gibt es Felder, die stark verkleinerte Spielanweisungen, die mit der Lupe gelesen werden müssen, enthalten, z. B.: Rücke 3 Felder vor!
● In einem verkleinerten Text sind interessante, nicht zum Text passende Passagen eingebaut, z. B.: Du gehst zum Lehrer, er hat eine Überraschung für dich!

Spiegellesen

VORBEREITUNG

Texte werden von den Schülern auf Folie geschrieben. Zur „Dekodierung" wird ein Spiegel gebraucht.

DURCHFÜHRUNG

Die Folie wird vom Partner hochgehalten. Der Spieler der hinter der Folie steht, sieht den Text in Spiegelschrift, der Spieler vor der Folie sieht den Text normal. Er kontrolliert, was der „Spiegelleser" liest. Ein Einzelspieler kann den Spiegelschrifttext auch mit einem Spiegel lesen.

Leseslalom

VORBEREITUNG

Ein kurzer Text wird in zwei Spalten zerlegt, wobei der jeweils folgende Textteil in die gleiche oder gegenüberliegende Spalte geschrieben wird. Die beiden Zettel werden in das Nagelbrett, bei dem im Zeilenabstand Nägel eingeschlagen sind, geschoben. Beim linken obersten Nagel – beim Beginn der Geschichte – ist ein Faden befestigt. Zur Kontrolle liegt der Originaltext bereit.

DURCHFÜHRUNG

Der Spieler schlingt den Faden dem Textverlauf entsprechend um die Nägel. Dann liest er die Geschichte nochmals durch. Vielleicht hilft ihm ein Partner beim Vergleich mit dem Originaltext.

TEXTBEISPIEL

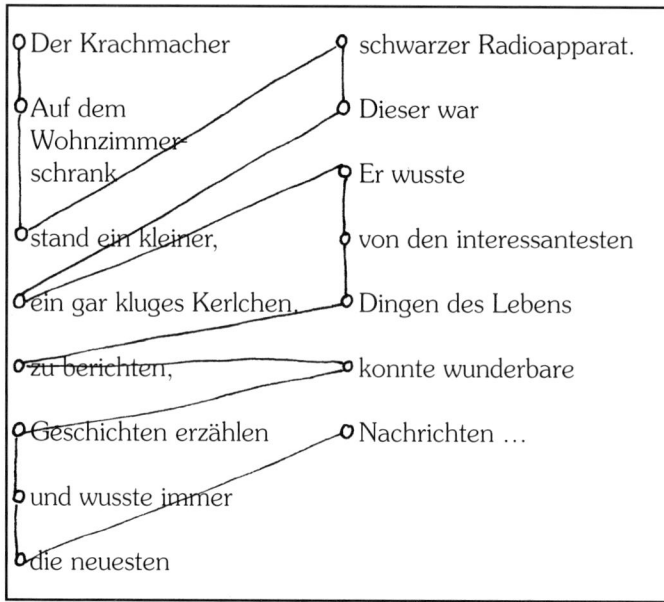

Stichwortlabyrinth

VORBEREITUNG

Eine Kurzgeschichte, ein Märchen oder eine Sage werden von einem Schüler gelesen. Ein anderer Schüler hat zu dieser Geschichte ein Stichwortlabyrinth vorbereitet.

DURCHFÜHRUNG

Nachdem der Spieler die Geschichte gelesen hat, legt er sie zur Seite. Nun nimmt er das „Stichwortlabyrinth" und versucht mit einem Faden den Weg durch das Labyrinth zu kennzeichnen. Der „Erfinder" des Labyrinths kann zur Kontrolle herbeigerufen werden oder vielleicht hat er auf einem Kontrollblatt die Stichwörter gesondert aufgeschrieben?

TEXTBEISPIEL

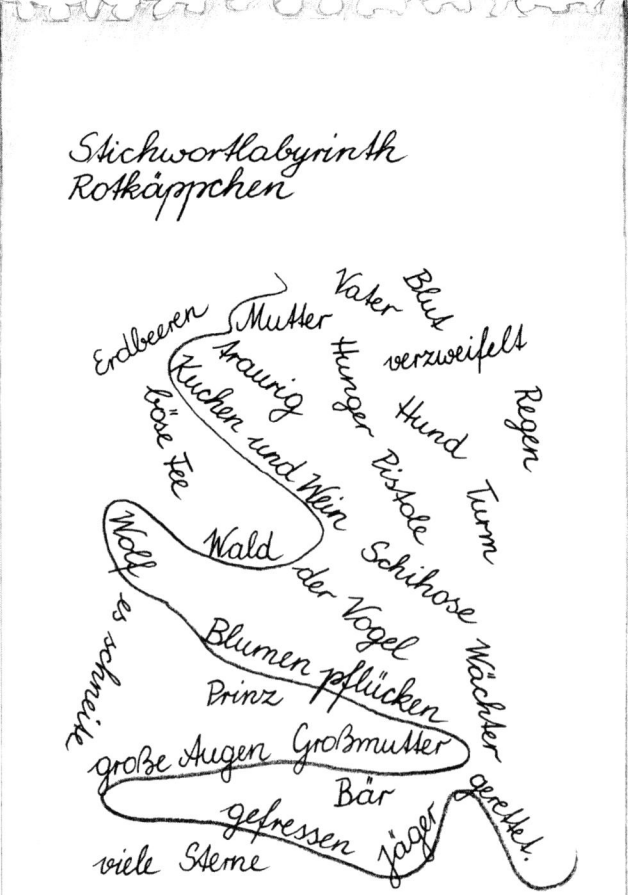

Lückentext

VORBEREITUNG

Ein handgeschriebener Text, bei dem zwischen den Zeilen immer eine Zeile freigelassen ist, Mengenlehrplättchen.

DURCHFÜHRUNG

Zwei oder mehrere Spieler können spielen. Spieler A verdeckt mit 10 Plättchen 10 Textstellen, während Spieler B einschaut. Nun versucht Spieler B zu erraten, was unter den Plättchen steht. Für jedes richtig geratene Wort erhält er einen Punkt. Nun schaut Schüler A ein, und Schüler B legt die Kärtchen auf den Text. Schüler A hat es nun beim Raten schon etwas leichter, denn er kann sich sicherlich noch an Teile des Textes erinnern. Dann rät wieder Schüler B. Das Spiel ist spätestens dann zu Ende, wenn ein Spieler bei einem Durchgang alles richtig erraten hat.

TEXTBEISPIEL

Bärengeschichte

Es war einmal ein *kleines* *braunes* Bärenkind. Es lebte mit seinen Eltern und mit seinen *zwei* Geschwistern in der Nähe eines Flusses. Sie lebten sehr *glücklich* …

Lesespiele aus der Bücherkiste

Kreativer Umgang mit Büchern

Titelbilder stellen

VORBEREITUNG

Kärtchen mit Buchtiteln.
Für jede Gruppe ca. 10 Bücher, die alle kennen sollten.
Die Schüler können die Bücher auch selbst in der Bücherei suchen.

DURCHFÜHRUNG

Es werden zwei Gruppen gebildet. Jede Gruppe stellt ihre Bücher auf einem Schautisch oder in einem Regal aus. Nach einer Beratungszeit stellt Gruppe A das Titelbild eines der ausgestellten Bücher, wie ein Stehbild nach. Dabei wird ein Mitschüler zum „Baumeister" bestimmt. Gruppe B berät sich und holt dann das entsprechende Buch aus dem Regal. Wählt Gruppe B das falsche Buch, muss Gruppe A das Bild noch einmal stellen, so oft (höchstens viermal!), bis das richtige Buch zugeordnet wird. Jetzt ist Gruppe B an der Reihe, ein Bild zu stellen.
Man hält sich am besten an folgenden Ablauf:
„Augen zu!" – Bild stellen – „Augen auf!" – das gestellte Bild betrachten – das Buch zuordnen …

VARIANTEN

- Die von den beiden Gruppen ausgewählten Bücher werden nicht gezeigt. Ein Titelbild wird gestellt, und die andere Gruppe versucht, aus den auf Kärtchen (!) angebotenen Titeln den richtigen zuzuordnen.
- Eine Gruppe gibt der anderen ein Titelkärtchen und erzählt kurz aus dem Inhalt des Buches, worauf die zweite Gruppe ein Bild stellt.
- Gruppe A stellt ein Bild, Gruppe B versucht dazupassende Titel zu finden, die dann mit dem Originaltitel verglichen werden können.

Menschenbilder

VORBEREITUNG

Die Schüler bereiten sich auf das Vorlesen von Texten (Büchern) vor.

DURCHFÜHRUNG

Ein allen bekannter Text wird von einigen Mitspielern mit verteilten Rollen vorgelesen. Nach einer Nachdenk- oder Diskussionspause wird der Text noch einmal langsam vorgelesen. Ruft ein Mitspieler „Stopp!", heißt das, dass er zu dem bis dahin vorgelesenen Text ein Bild stellen möchte. Das tut er dann auch mit Hilfe anderer Mitspieler. Man betrachtet das Bild, fotografiert es und liest dann wieder weiter vor – bis zum nächsten „Stopp!" … So entsteht eine Reihe von Bildern, die mit dem Text ein tolles neues Buch ergeben können.

VARIANTEN

- Das Buch wird vorgelesen und in Gruppenarbeit wird dazu eine „Diareihe" gestellt (auch fotografiert).
- Gruppen bereiten zu einem allen Gruppenmitgliedern bekannten Buch eine „Diareihe" vor. Diese Bilder werden den anderen gezeigt, während der Text dazu vorgelesen wird. Der Wechsel von einem Bild zum anderen soll ruhig und fließend erfolgen, was heißt, dass die Gruppen genug Zeit für die Vorbereitung brauchen.

HINWEIS

Zu so entstandenen Fotoserien können auch neue Geschichten geschrieben werden.

Neue Büchermixsatzgeschichten

VORBEREITUNG

Jeder Mitspieler wählt sich ein Buch aus der Klassen-(Schul-)bücherei und schmökert darin. Er sucht sich Stellen, die ihm besonders bedeutend erscheinen.

DURCHFÜHRUNG

Ein Mitspieler, der glaubt, dass sein Satz gut an den Beginn einer Geschichte passen könnte, liest diesen einfach vor. Die anderen Mitspieler setzen dann mit ihren Sätzen ein, wenn sie glauben, einen passenden Satz gefunden zu haben. So kann eine neue, witzige, spannende, märchenhafte Geschichte entstehen.
Jeder Schüler sollte dabei mehrere Male an die Reihe kommen.
Es dürfen – je nach vorangegangener Vereinbarung – auch zwei oder drei Sätze hintereinander vorgelesen werden.

VARIANTEN

- Der Titel der Geschichte wird vorher gemeinsam festgelegt und die Mitspieler suchen sich die Sätze danach aus. Können wir mit unserer „Geschichte" dem Titel entsprechen?
- Es werden ausschließlich Sachbücher verwendet.
- In Gruppenarbeit wird vor der Präsentation nach obigem System an einer neuen Geschichte „gebastelt".

HINWEIS

Dieses Spiel macht großen Spaß, wenn man es öfter wiederholt und die Mitspieler schon eine gewisse „Routine" entwickelt haben.

Ein neues Bilderbuch

VORBEREITUNG

Aus einem geeigneten Kinderbuch werden die Bild- und Textseiten getrennt entnommen.

DURCHFÜHRUNG

Gruppe A nimmt die Bildseiten, Gruppe B nimmt die Textseiten, die in der richtigen Reihenfolge geordnet sind. Die Bildseiten werden angeboten.
Während sich Gruppe B auf das Vorlesen vorbereitet, versucht Gruppe A, die Bilder in die richtige Reihenfolge zu bringen.
Seite für Seite wird der Text von Gruppe B langsam vorgelesen. Zu jeder Seite sucht Gruppe A das ihr passend erscheinende Bild.
Zum Schluss wird mit dem Kinderbuch verglichen.

VARIANTEN

- Gruppe A schreibt zu den Bildern einen neuen Text, Gruppe B malt zu den Textseiten neue Bilder – so können zwei neue Bilderbücher entstehen!
- Es werden drei oder vier Gruppen gebildet. Jede Gruppe bekommt – ungeordnet! – die Bildseiten eines Buches. Ein Schüler liest den Text vor, und die Gruppen versuchen, die Bilder zu ordnen. Welche Gruppe hat die richtige Reihenfolge gefunden? Könnte nicht auch eine andere Reihenfolge passen?
- Gruppe A ordnet die Bildseiten, Gruppe B die Textseiten. Jetzt werden die Lösungen verglichen und diskutiert. Wieder wird mit dem Buch verglichen.

Es war einmal …

VORBEREITUNG

Eine ausreichende Auswahl an Büchern.

DURCHFÜHRUNG

Jeder Mitspieler nimmt sich aus dem Regal ein Buch – egal, ob er es kennt oder nicht. Nur das Titelbild betrachtet er genau. Alle Mitspieler gehen im Raum umher und beginnen zu fantasieren: „Es war einmal …"
Sie suchen sich einen Partner und erzählen diesem ihre Geschichte in Kurzform. Dieser tut desgleichen.
Die beiden Mitspieler tauschen nun ihre Bücher aus, suchen sich einen neuen Partner und beginnen wieder zu fantasieren: „Es war einmal …"

VARIANTEN

- Auf Kärtchen sind nur die Buchtitel geschrieben. Die Mitspieler fantasieren, erzählen und tauschen wie oben beschrieben.
- An mehrere Gruppen werden nur die Titel(-bilder) verteilt. Der Reihe nach fantasieren die Gruppenmitglieder spontan drauflos, während die anderen Gruppen zuhören.
  Danach kann der Originaltext (ausschnittweise) vorgelesen werden.

Buchpaare

VORBEREITUNG

Eine ausreichende Auswahl an Büchern.

DURCHFÜHRUNG

Die Mitspieler bilden Paare. Gemeinsam wählen sich die Paare nun zwei Bücher aus, deren Inhalte einander ähnlich sein sollten. Die Mitspieler lesen sich in die ausgewählten Bücher ein.
Dann versuchen sie gemeinsam, einen möglichst überzeugenden „Verschnitt" aus den beiden Texten (Kurzform!?) zusammenzustellen.

Der so neu entstandene Text wird vorgelesen. Natürlich soll ein entsprechender Titel gefunden werden! Diese Texte könnten auf Tonband oder auch schriftlich festgehalten werden.
Man beschränkt sich dabei am besten auf Bücher mit kurzen Geschichten oder auf die ersten Seiten eines Buches.

VARIANTEN

- Jeder Mitspieler wählt ein Buch und sucht sich erst nach kurzem Einlesen einen Partner.
- Nachdem jeder Mitspieler ein Buch gewählt hat, geht man umher und sucht sich einen Partner, in dessen Buchtitel möglichst viele gleiche Wörter vorkommen.

Buchausstellung

VORBEREITUNG

Im Raum stehen genügend Bücher (nicht nur Sachbücher!) zu zwei oder drei Themenbereichen. Dazu Themenkärtchen.

DURCHFÜHRUNG

Zwei oder drei Gruppen werden gebildet. Sie ziehen je eine Karte, auf der ein Themenbereich geschrieben steht. Zu diesem Thema stellen die Gruppen eine Buchausstellung zusammen, bestehend aus mindestens zehn Büchern. Die Bücher werden wie in einer Auslage arrangiert. Dazu können Requisiten, Stoffe, Dekorationsgegenstände und Plakate zur besseren Veranschaulichung des Themas verwendet werden. Zuletzt präsentiert jede Gruppe ihre Buchausstellung.

VARIANTE

Die anderen Gruppen müssen zur jeweiligen Buchausstellung das Thema finden.

HINWEIS

Die Buchausstellung kann auch anderen Klassen präsentiert werden. Eine derartige Buchausstellung hilft bei der Themenfindung für den nächsten Wochenplan – oder bei der „Büchersuche" für das nächste Wochenthema.

Zuhören und reagieren

VORBEREITUNG

Ein Schüler bereitet einen möglichst spannenden Text vor, den die anderen nicht kennen sollten. Man trifft sich im Lesekreis.

DURCHFÜHRUNG

Der Schüler liest den Text langsam vor. Die Zuhörer reagieren auf das Gehörte mit überzeichneter Mimik, nehmen stumm Kontakt mit Nachbarn auf (Zunicken, fragend schauen …)

VARIANTEN

- Die Zuhörer reagieren mit Gesten, mit Ausrufen.
- Die Zuhörer notieren zu dem Gehörten Wörter, die ihnen spontan einfallen, oder Eigenschaftswörter, die ihre Empfindungen ausdrücken helfen. Über diese Wörtersammlung wird hinterher gesprochen. Die Schüler werden sehen, dass ein und derselbe Text bei mehreren Zuhörern verschiedene Empfindungen auslösen kann.

HINWEIS

Diese Übung soll öfter wiederholt werden, weil sich die Schüler erfahrungsgemäß erst nach mehrmaligen Wiederholungen auf wirklich spontane Reaktionen einlassen.
Es kann auch eine Beobachtergruppe gebildet werden, die die Reaktionen der Mitschüler aus einiger Entfernung beobachtet. Diese Beobachtungen fließen in die an die Übungen angeschlossenen Gespräche ein.

Darsteller aus verschiedenen Büchern

VORBEREITUNG

Die Schüler wählen sich ein Buch, dessen Hauptfigur ihnen besonders sympathisch ist und bereiten sich vor, indem sie besonders die Dialoge gut lesen und mittels Lesezeichen markieren.

DURCHFÜHRUNG

Die „Hauptfiguren" stellen sich den Zuhörern vor: „Ich bin der Clown aus dem Buch *Der Clown sagte nein*." Eine der Figuren beginnt nun zu sprechen, das heißt, der Schüler liest vor, was seine Figur im Buch spricht. Ein zweiter Schüler setzt fort, wenn es ihm passend erscheint, und so weiter. So kann ein überraschender neuer Dialog entstehen, der sogar zu einem neuen Buch ausgebaut werden kann.

VARIANTEN

- Zwei Schüler bereiten auf diese Art einen neuen, spannenden Dialog vor, den sie auch noch kommentieren und dann natürlich vorführen!
- Eine Schülergruppe (auch ein einzelner Schüler) kann so ein Theaterstück entwickeln.
- Eine andere Gruppe (ein anderes Paar) kann auch eine Szene, ein Stück entwickeln, wobei sich die Figuren nicht an den Text binden müssen und frei sprechen!

Büchereiratssitzung

VORBEREITUNG

Ausreichend Buchprospekte, die auch kurze Inhaltsangaben bieten.

DURCHFÜHRUNG

Gruppen werden gebildet. Jede Gruppe wählt anhand der Informationen aus dem Prospekt drei Bücher aus, die ihrer Meinung nach unbedingt mit dem Restbudget für die Bücherei erworben werden sollen. Argumente werden formuliert.

Nun tritt der Büchereirat zusammen. In dieser „Sitzung" soll Einigung darüber erzielt werden, welche Bücher gekauft werden sollen. Das Budget reicht nur mehr für drei Bücher! Wird keine Einigung erzielt, kann der Spielleiter die Entscheidung nach der Stichhaltigkeit der Argumente treffen.

VARIANTEN

- Die Büchereiräte argumentieren nur mit Sätzen aus dem Prospekt.
- Um doch noch möglichst viele Bücher kaufen zu können, und die eigenen Vorschläge im Rat „durchzubringen", suchen die Gruppen nach Möglichkeiten, Geld für den Bücherkauf aufzutreiben. Diese Vorschläge werden dann im Büchereirat diskutiert (und vielleicht auch in die Praxis umgesetzt!).

Szenen

VORBEREITUNG

Für jede Gruppe mindestens fünf bekannte Bücher.

DURCHFÜHRUNG

Es werden Gruppen gebildet. Jede Gruppe wählt sich etwa fünf Bücher. Die Schüler beraten, für welches Buch sie sich entscheiden werden. Sie sollen nämlich den anderen Gruppen aus einem der Bücher eine Szene vorspielen. Und die anderen Gruppen sollen dann das Buch finden, aus dem die Szene vorgespielt wurde. Die Spieler halten sich bei ihrer Szene möglichst streng an die Dialogtexte.

Nach der Vorführung wird dann die entsprechende Stelle aus dem Buch vorgelesen. Jetzt ist die nächste Gruppe an der Reihe.

VARIANTEN

- Wenn möglich, können die Szenen auch stumm gespielt werden, was die Sache für die anderen Gruppen natürlich ein bisschen erschwert.
- Hat eine Gruppe erkannt, um welches Buch es sich handelt, rufen die Schüler „Stopp!" und spielen die Szene aus dem Stegreif selbst weiter.

HINWEIS

Die Gruppen brauchen genügend Vorbereitungszeit.
Das Anspielen von kurzen Szenen aus Büchern in Stegreifform sollte überhaupt öfter praktiziert werden!

Arbeit mit Buchausschnitten

Leise, leise, leise lesen

VORBEREITUNG

Die Schüler bereiten ein Lesestück aus dem Klassenlesestoff vor. Man setzt sich in die Leseecke (Bücherei).

DURCHFÜHRUNG

Ein Schüler beginnt nun, den vorbereiteten Text so leise vorzulesen, dass ihn seine Mitschüler noch deutlich verstehen können. Macht er eine Pause, setzt der nächste neben ihm ein. Das geht so weiter, bis die ganze Geschichte vorgelesen worden ist.

VARIANTE

Ein Schüler beginnt zu lesen, der nächste setzt in der kurzen Pause ein – doch ohne auf eine Reihenfolge zu achten und ohne vorherige Absprache.

HINWEIS

Diese Übung verlangt von den Schülern Aufmerksamkeit, Rücksichtnahme und gutes Reaktionsvermögen. Daher sollte man mit einfachen Vorübungen beginnen:
- Ein Text wird leise, immer leiser vorgelesen, bis ein Zuhörer „Stopp!" ruft, weil er den Text nicht mehr hören kann. Das wird öfter wiederholt, bis die Schüler ein „Gespür" für die richtige Lautstärke entwickelt haben.
- Der Wechsel der Leser ohne Absprache kann immer wieder geübt werden, wenn Klassenlesestoff vorgelesen wird.

Sensationen aus Büchern

VORBEREITUNG

Die Schüler wählen ihnen bekannte Bücher und prägen sich besonders spannende Sätze und Passagen ein. Diese Sätze gestalten sie nun zu reißerischen Schlagzeilen um, die sie sich am besten aufschreiben. Zwei Gruppen werden gebildet.

DURCHFÜHRUNG

Die Schüler der einen Gruppe beginnen der Reihe nach, wie Zeitungsverkäufer ihre „Schlagzeilen" zu rufen und dazu das Buch zu präsentieren.
Die andere Gruppe hört aufmerksam zu.
Die Bücher werden auf einen Tisch gelegt – zur Ansicht.
Die Schüler der zweiten Gruppe gehen nun zu dem Tisch, schauen sich die Bücher an und sprechen mit den Mitschülern über Bücher und Schlagzeilen.
Jetzt ist die zweite Gruppe mit ihren Schlagzeilen an der Reihe.

VARIANTE

Nach der Präsentation der Bücher sagen die Zuhörer, welches Buch sie wählen würden (und warum).

HINWEIS

Ein Gespräch über die Wirkung von Schlagzeilen sollte dieser Übung vorangehen – anhand von Beispielen aus Tageszeitungen.

Wanderlesen

VORBEREITUNG

Im Raum ist Klassenlesestoff (Lesebücher) auf den Tischen aufgelegt und jedes Buch auf der gleichen Seite aufgeschlagen. Musikkassette und Rekorder.

DURCHFÜHRUNG

Die Schüler gehen zur Musik durch den Raum (tanzen). Bei Musikstopp bleibt jeder bei einem Buch stehen und liest den aufgeschlagenen Text, bis wieder Musik ertönt. Beim nächsten Musikstopp liest er weiter, wo er vorher aufgehört hat. Zuletzt erzählt man in der Gruppe die Geschichte.

Textpuzzle

VORBEREITUNG

Ein Buchausschnitt (getippt) wird in so viele Teile zerschnitten, wie Schüler in der Gruppe sind (Puzzle).

DURCHFÜHRUNG

Die Schüler lesen ihren Textteil mehrmals leise.
Wer glaubt, den Anfang der Geschichte zu haben, liest ihn sodann laut vor. Wer die passende Textstelle zu haben glaubt, setzt fort. Und so geht es weiter bis zum Ende der Geschichte. Bei Uneinigkeit kann entweder der Spielleiter, ein Schüler, der den Text kennt, oder gar der Originaltext (das Buch) als „Schiedsrichter" fungieren.

VARIANTEN

- Zwei oder mehrere Gruppen erhalten je das gleiche Textpuzzle zugeteilt und vergleichen hinterher ihre Ergebnisse.
- Die Gruppenmitglieder lesen ihre Sätze laut vor und versuchen sie sodann in die richtige Reihenfolge zu bringen. Ein Vergleich mit dem Original macht sicher – oder kann der Text auch in einer anderen Reihenfolge stehen?
- Das Textpuzzle kann auch in Einzel- oder Partnerarbeit in einer Freiarbeitsphase zusammengesetzt werden.

Sinnlos

VORBEREITUNG

Die Schüler bereiten einen Text aus dem Klassenlesestoff (Lesebuch) vor.

DURCHFÜHRUNG

In einem Text werden die Verben von den Schülern (einzeln, Partner, Gruppe) so ausgetauscht, dass dieser – anschließend vorgelesen, den anderen wirklich sinnlos erscheinen muss.

VARIANTEN

- Die Verben werden so raffiniert ausgetauscht, dass der Text einen anderen Sinn bekommt.
- Namen werden ausgetauscht. Hier könnten die anderen Schüler raten, um welchen Text es sich handelt.
- Die Namen werden so ausgetauscht, dass dadurch ein Rollenwechsel der im Text vorkommenden Personen erreicht wird.
  Beispiele:
  Aus dem Kind wird ein Erwachsener, aus dem Erwachsenen ein Kind. Aus dem Knecht wird der Herr – und umgekehrt.

Eieruhrlesen

VORBEREITUNG

Jeder Schüler hat ein Buch oder einen mehrseitigen Text. Eine Eieruhr zum Aufziehen.

DURCHFÜHRUNG

Die Schüler beginnen den Text zu lesen. Ertönt das Signal der Eieruhr, blättern sie um und lesen auf der nächsten Seite weiter. Zum Schluss versuchen sie, die Geschichte zu erzählen.

HINWEIS

Die Übung eignet sich für Partner- und Gruppenarbeit (wenn die Geschichte hinterher gemeinsam nacherzählt wird!).

Märchenlauf

VORBEREITUNG

Die Schüler schmökern in Märchenbüchern und bereiten sich auf eine „Märchenlesung" vor. Wortkarten.

DURCHFÜHRUNG

Die Schüler sitzen im Sitzkreis. Ein Schüler beginnt, aus einem Märchen vorzulesen. Ein anderer hält eine Karte mit einem Wort gut sichtbar in die Höhe. Kommt dieses Wort im Text vor, müssen alle Schüler den Platz wechseln. Keiner darf auf seinem Platz sitzen bleiben. Es heißt also, aufmerksam zuhören!

VARIANTEN

- Jener Schüler, der die Karte hält, steht in der Mitte. Bei Platzwechsel versucht auch er, einen frei gewordenen Sessel zu ergattern. Ein Schüler wird also immer wieder ohne Sessel dastehen. Er darf zum Trost die nächste Karte aus der Kiste holen und hochhalten.
- Es gibt auch leere Karten. Wird eine solche hochgehalten, erfolgt der Platzwechsel bei einem, zwei oder drei Wörtern, die man vorher gemeinsam festgelegt, aber nicht aufgeschrieben hat.

HINWEIS

Die Wortkarten sollten beidseitig beschriftet sein mit Wörtern, die in Märchen häufiger vorkommen.

Von hinten nach vorne

VORBEREITUNG

Neue Bücher werden den Schülern kurz vorgestellt (nur Autor und Titel!). Gemeinsam wird eines dieser Bücher ausgewählt.

DURCHFÜHRUNG

Das *letzte* Kapitel (die *letzte* Seite) des Buches wird den Schülern vorgelesen. Gemeinsam wird nun versucht zu erzählen, was in dieser Geschichte vorher passiert sein könnte (müsste).
Jetzt wird erst das nächste (vorletzte) Kapitel vorgelesen. „Haben wir richtig vermutet?"

VARIANTEN

- Wurde das letzte Kapitel vorgelesen, macht sich jeder Schüler für sich alleine Gedanken darüber, was davor wohl passiert ist. Dazu macht er sich eventuell auch Notizen. So kann letztendlich bei jedem Schüler eine neue Geschichte entstehen.
- Ein Schüler sucht sich ein neues Buch, liest den letzten Abschnitt der Geschichte und rollt wie oben die Geschichte von hinten auf. Er kann sich für diese Aufgabe auch einen Partner suchen (Freiarbeit!).

HINWEIS

Als Vorübung können auch kurze Geschichten, „von hinten" gelesen werden.
Für den Anfang ist es günstig, Bücher mit Illustrationen zu verwenden.

Nonsenslücken im Text

VORBEREITUNG

Die Schüler erproben ihre Formen einer Nonsenssprache (einer „erfundenen" Fantasiesprache) – für sich, in „Dialogen" mit Partnern (Telefongespräche). Dann versuchen sie, vorgegebene Sätze in „ihre Sprache" zu übersetzen.

DURCHFÜHRUNG

Die Schüler bereiten aus der Klassenlektüre ein Lesestück vor, einen möglichst ereignisreichen Text. Ein Schüler liest den ersten Satz vor, der nächste liest den zweiten Satz in der Nonsenssprache, und so weiter. Die Zuhörer müssen aufmerksam sein, um dem Text folgen zu können. Man spricht anschließend darüber, wann ein Satz in der Nonsenssprache leichter zu verstehen ist (Intonation!).

VARIANTEN

● Die Zuhörer kennen den Text nicht und versuchen ihn nachzuvollziehen. Dazu sollte jeder zweite Satz in Normalsprache vorgelesen werden!
● Ein Schüler nimmt irgendeinen Satz aus dem Text und „liest" ihn in der Nonsenssprache vor. Die anderen lesen den „richtigen" Satz vor, wenn sie glauben, ihn gefunden zu haben.

Das Spitzenbuch

VORBEREITUNG

Für jeden Mitspieler ein Stück Text aus jeweils einem anderen Buch – ohne weitere Angaben.

DURCHFÜHRUNG

Jeder liest seinen Text still und beurteilt ihn für sich.
Er tut sich mit einem anderen Mitspieler zusammen und versucht mit diesem, den „besseren" Text zu finden. Ein Text scheidet also aus!
Ist das geschehen, suchen sich die beiden ein anderes Paar – und die Vierergruppe sucht wiederum den besseren Text, und so weiter, bis nur mehr ein Text übrig bleibt, der eigentlich der „beste" sein müsste.

Jetzt wird das Geheimnis gelüftet, indem man die dazugehörenden Bücher auflegt. Man wird oft sehr überrascht sein über das eigene Urteil!

VARIANTEN

● Die Texte werden in der Gruppe (nach entsprechend langer Diskussion) gereiht.
● Schüler reihen die Texte in Einzel- oder Partnerarbeit und suchen sich dann die Bücher dazu, deren Titel und Autor sie auf der Rückseite des Zettels finden können.

Klappentext und Titel

VORBEREITUNG

Auf eine Karte werden der Titel und der Autor eines Buches geschrieben. Auf eine zweite Karte kommt der Klappentext in Kurzform.

DURCHFÜHRUNG

Zwei Gruppen werden gebildet. Die eine erhält die Karten mit dem Titel, die andere jene mit dem Klappentext. Ein Schüler der ersten Gruppe liest den Klappentext vor. Wer von der anderen Gruppe den dazupassenden Titel auf seiner Karte hat, sucht nun mit seinem Partner das entsprechende Buch in den Regalen – und sie vergleichen. Zum Schluss werden die Bücher mit Hilfe der Karten vorgestellt (Titel und Klappentext).

VARIANTEN

● Mit den Kartenpaaren (Titel plus Text) kann auch in Einzel- oder Partnerarbeit Memory gespielt werden.
● Schüler können über den Inhalt des Klappentextes diskutieren, ihn, wenn das Buch bekannt ist, auch umschreiben…

HINWEIS

Die Bücher, zu denen die Karten geschrieben wurden, sollten in der Bücherei stehen.
Dieses Spiel ist besonders geeignet, neue Bücher schmackhaft zu machen!
Die Schüler sollen ihre Entscheidung begründen: „Text und Titel passen zusammen, weil …"

TEXTBEISPIELE

„Der Chef ist die Oma" von Kurt Wölfflin

„Für Steffi fängt die Schule an" von Irina Korschunow

„Ich schenk dir einen Kindertag" von Renate Welsh

„Geschwister, nein danke" von Achim Bröger

„Der geheime Großvater" von Christine Nöstlinger

Alle Leute halten den Großvater für einen ganz normalen Großvater. Für einen, der Spatzen füttert und im Kaffeehaus Karten spielt, der Großmutter die Zeitung vorliest, die Minna-Tante nicht leiden kann und Magengeschwüre hat. Nur seine Enkelin weiß, dass der Großvater auch ein ganz anderes Leben hat; ein sehr geheimes. Das war schon immer so! Schon als der Großvater noch ein kleines Kind gewesen ist. Seit der Großvater ein alter Mann ist, erlebt er aber noch viel tollere Sachen. Sogar einen Geheimsender hat er. Und ein Düsenmotorrad. Mit dem ist er in der Nacht unterwegs, wenn alle anderen schlafen. Darum fällt ihm am Morgen auch das Aufstehen so schwer …

Die Kinder aus dem Haus Helmut-Domenego-Gasse 60 haben eine Idee: Sie schenken den Erwachsenen einen Kindertag zum Muttertag. Unter der Anleitung der Kinder lernen die Erwachsenen, wie es war und wie es ist, ein Kind zu sein. Einen ganzen Tag lang machen sie all das, was sie Kindern sonst verbieten. Und als Frau Wiesner ihrem Mann vorwirft, richtig kindisch zu werden, antwortet der Bundesbahnpensionist strahlend: „Nicht kindisch, meine Liebe. Kindlich!" Und das ist ein himmelweiter Unterschied!

„Morgen gehe ich wieder zur Schule", sagt Steffi glücklich am Abend des dritten Schultags. Der erste Schultag war aufregend gewesen, weil sie nicht neben Marei sitzen durfte und weil sie ausgelacht worden ist. Aber jetzt hat sie schon zwei Freunde, die mit ihr zusammen in der Bank sitzen und mit denen sie spielen und lernen will. Dabei mitgeholfen, dass alles sich so schnell zum Guten wendete, hat der kleine Dackel Murkel, den Steffi zu ihrem sechsten Geburtstag geschenkt bekam. Von ihm darf sie nun Frau Hell, ihrer Lehrerin, und der ganzen Klasse erzählen. Eine einfühlsame Geschichte, die Schulanfängern Mut macht.

Der Chef ist die Oma in diesem heiteren Krimi, worin Merry, die Fröhliche, ein Geheimnis lüften will und ihre Oma sie auf eine heiße Spur bringt; worin Merry beinahe von einem Gespenst überfahren wird und mit ihrer Katze eine Vorstellung im Zirkus gibt; worin die Oma ihre Enkelin vor Tigern und Krokodilen rettet.

Wie ist das, wenn man Brüder oder Schwestern hat, große oder kleine?
Hier kann man es nachlesen – in zehn verschiedenen Geschichten.
Also, Geschwister – müsste man verbieten.
Oder lieber doch nicht?

Auf dem Buchtauschmarkt

VORBEREITUNG

Jeder hat sich in der Bücherei ein Buch geschnappt, das er gut kennt und das ihm gut gefällt. Dieses schaut er sich noch einmal genau an, ruft sich den Inhalt in Erinnerung, sucht besondere Stellen im Buch, liest auch ein bisschen nach …

DURCHFÜHRUNG

Jetzt begeben sich die Mitspieler auf den „Büchertauschmarkt". Natürlich möchte jeder ein für ihn neues Buch eintauschen, doch will er sein Buch nur gegen ein wirklich interessantes eintauschen. Also wird jeder die Vorteile *seines* Buches hervorheben. Hat ein Mitspieler ein Buch eingetauscht, sieht er sich dieses näher an. Entspricht es, beginnt er einfach darin zu schmökern. Entspricht es doch nicht so ganz, versucht er es gegen ein anderes einzutauschen. Endlich werden alle ein tolles Buch eingetauscht haben und darin schmökern. Es macht auch nichts, wenn ein Mitspieler sein Buch nicht eintauschen konnte: In einer Schlussrunde preist noch einmal jeder die Vorteile *seines* Buches – und bietet es gleich für die nächste Gelegenheit zum Tausch an …

Wer bin ich?

VORBEREITUNG

Auf Karten werden die Namen der „Helden" (Hauptfiguren) von Büchern geschrieben, die sicher allen Mitspielern bekannt sind. Man braucht für jeden Mitspieler eine Karte.

DURCHFÜHRUNG

Jedem Mitspieler wird eine Karte auf den Rücken geklebt, ohne dass er sie sieht. Die Mitspieler versuchen nun, von den anderen zu erfragen, wer sie denn laut Schild auf ihrem Rücken wohl sind. Das wird ihnen aber nicht leicht gemacht, denn die Gefragten geben nur umschreibende Antworten. Erst später werden helfende Hinweise gegeben, doch niemals darf der Name verraten werden! Wer glaubt, den Namen zu kennen, wendet sich an den Spielleiter, der ihn bestätigt – oder den Spieler weiter auf Nachforschung schickt. Doch jeder, der seinen „Namen" bereits kennt, darf den verbliebenen „Namensforschern" helfen!

VARIANTEN

- Auf den Karten stehen nur Namen von Märchenfiguren.
- Auf der Rückseite der Karten steht ein Textausschnitt aus dem Buch (Märchen), dem die Figur auf der Karte entnommen worden ist. Auf die Frage „Wer bin ich?" lesen die Schüler als Antwort einen Satz aus dem Textausschnitt vor. Spätestens dann, wenn er alle Sätze gehört hat, wird der Besitzer der Karte wissen, wer er ist!

Neuerscheinungen

VORBEREITUNG

Neuzugänge in der Schülerbücherei nehmen immer einen besonderen Platz ein: Sie liegen auf einem Schautisch oder stehen in einem separaten Regal.

DURCHFÜHRUNG

Die Schüler betrachten die Neuerscheinungen in Ruhe. Schließlich nimmt man ein neues Buch, das man unbedingt lesen will und beginnt zum Titel zu fantasieren:
Was wird da wohl zu lesen sein? Der Schüler macht sich Notizen von seinen Vermutungen auf einem Zettel. Diese Notizen zeigt er einem Mitschüler, der sie eventuell ergänzen wird.
Dieser Zettel kommt in eine eigens dafür vorgesehene Box, mit dem Namen des Schülers versehen!
Jetzt leiht sich der Schüler das Buch „ganz offiziell" aus. Hat er es gelesen, kann er seinen Zettel wieder aus der Box holen und dessen Inhalt mit dem des Buches vergleichen. Erstaunlich, wie „treffsicher" solche Vermutungen sein können!

HINWEIS

Die Neuerscheinungen (Neuzugänge) sollten lange genug gesondert aufliegen, um allen Schülern die Möglichkeit zu geben, darin zu schmökern.

Bücher zuordnen

Mimikbildreihen

VORBEREITUNG

In einer Box liegen genügend Mimkärtchen bereit. (Siehe Kopiervorlage!)

DURCHFÜHRUNG

Eine Partnerübung: Ein Schüler liest dem anderen einen Text vor. Aus den aufliegenden Mimkärtchen wählt dieser nun jene aus, die seiner Meinung nach die durch den Text erzeugte Stimmung in ihm am besten symbolisieren. Dann erzählt er den Text mit Hilfe der in einer Reihe aufgelegten Mimkärtchen seinem Partner.

VARIANTE

Auf Karten zeichnen die Schüler Kritzelbilder zu Begriffen: Freude, Wut, Angst, Vertrauen, Hass, Liebe …
Die Karten kommen in eine Box. Die Partnerübung verläuft wie oben beschrieben, wobei hier eben Kritzelbilder verwendet werden.

Ausrufreihen

VORBEREITUNG

Ausrufkärtchen liegen in einer Box bereit.

DURCHFÜHRUNG

Ein Schüler sucht sich einen Partner, dem er aus einem Buch vorlesen möchte. Der Partner nimmt die Box mit den Ausrufkärtchen und hört aufmerksam zu. Immer, wenn der Text ihm einen Ausruf des Erstaunens, Erschreckens … entlocken würde, nimmt er statt dessen ein Ausrufkärtchen und legt es vor sich hin. So entsteht bis zum Ende des Textes eine Reihe von Ausrufen. Anhand dieser Serie von Ausrufen kann der Schüler die Geschichte nun nacherzählen, wobei ihn die Ausrufkärtchen ohne weiteres zu Übertreibungen animieren können.

VARIANTEN

● Jener Schüler, der die Kärtchen aufgelegt hat, liest nun den Text vor – und sein Partner tätigt dazu die Ausrufe laut Kärtchen.

● Jener Schüler, der die Kärtchen ausgelegt hat, erzählt die Geschichte einem Dritten, der die Kärtchen vorerst nicht zu sehen bekommt. Mit Hilfe der Ausrufkärtchen erzählt dann der dritte Schüler die Geschichte noch einmal – vielleicht einem vierten Schüler, der die Kärtchen vorerst nicht zu sehen bekommt …

● Nachdem der Text vorgelesen und vom Partner die Ausrufkärtchen aufgelegt worden sind, holen die beiden einen dritten Schüler. Dieser erfährt nur den Titel der Geschichte – die Ausrufkärtchen sollen ihm dabei helfen, eine Geschichte zu erfinden!

TEXTBEISPIEL

Wie schrecklich!
Ist das schön!
Unglaublich!
Das ist aber lieb!
So ein böser Mensch!
Das gefällt mir!
Ich freue mich!
Genau wie ich!
Der ist dumm!
So eine Gemeinheit!
Dort möchte ich auch sein!
Das ist spannend!
So eine Schweinerei!
Ich fürchte mich!
Ein schöner Ort!
So ein netter Mensch!
Das gefällt mir gar nicht!
Die arme Person!
Das würde ich nicht tun!
Der ist schlau!
Hilfe!
Die sind verrückt!

Das Stimmungsbuch

VORBEREITUNG

Es sollen genügend Bücher im Raum stehen, auch Sachbücher.

DURCHFÜHRUNG

Als Form eines „Stimmungsbarometers" ist diese Übung zu verstehen.
Die Schüler verhalten sich einen Augenblick ganz still, schließen womöglich die Augen und versuchen, ihre momentane Stimmung zu spüren. Sie gehen zu den Regalen und wählen sich spontan ein Buch, von dem sie glauben, dass es zu ihrer Stimmung passt. Reihum erzählt nun jeder, warum er gerade dieses Buch gewählt hat und wie dieses Buch auf seine Stimmung wirkt.

VARIANTEN

- Die Schüler wählen wie oben ein Buch und halten es dann so, wie es ihrer Stimmung entspricht. Es folgt die Erklärung für die Wahl des Buches.
- Man blättert im Buch und sucht Textstellen, die eine Erklärung der Wahl ersetzen könnten. Diese Textstellen liest man den anderen vor.

HINWEIS

Diese Übung eignet sich besonders für kleinere Gruppen. Es soll selbstverständlich auch auf eine Erklärung der Buchwahl verzichtet werden können.

Buchwanderung

VORBEREITUNG

Im Raum werden auf Tischen und auf dem Boden Bücher aufgelegt. Man soll bequem dazwischen „wandern" können.

DURCHFÜHRUNG

Die Buchwanderung kann beginnen! Der Spielleiter gibt dazu ganz spezielle Aufträge: „Such mit den Augen Bücher, die von Tieren (von Bäumen, von Mädchen, von Pferden) erzählen. Besuche nun diese Bücher und schau sie dir in Ruhe an!"

Gefühle finden

VORBEREITUNG

Jeder Schüler hat ein Buch, das er gut kennt.

DURCHFÜHRUNG

Ein Mitschüler ruft ein Gefühl aus („Ich freue mich!"). Die anderen Schüler suchen in ihrem Buch Stellen, die diesem Gefühl entsprechen und lesen sie vor. Jener Schüler, der zuerst eine Textstelle gefunden hat, darf das nächste Gefühl ausrufen.

VARIANTE

Es werden Karten mit Gefühlsausrufen beschriftet. Jeder Schüler zieht eine Karte und sucht eine entsprechende Stelle in seinem Buch. Er liest die Stelle vor – und die anderen Schüler raten, welche „Gefühlskarte" er wohl gezogen hat.

Gefühlsschaubild

VORBEREITUNG

Jeder Schüler bereitet einen Zettel und einen Stift vor. Ein Schüler bereitet sich auf das Vorlesen vor.

DURCHFÜHRUNG

Die Gruppe macht es sich in der Leseecke bequem. Das Buch wird langsam vorgelesen. Die Schüler versuchen, nur auf die Gefühle zu achten, die der Text bei ihnen hervorruft. Zugleich ziehen sie einen Strich auf ihrem Zettel, der nach oben führt, wenn sie sogenannte „positive" Gefühle (Freude, Spaß, …) haben, bei negativen Gefühlen (Trauer, Angst) führt der Strich nach unten. So entsteht ein Gefühlsschaubild.
Ist die Lesung beendet, können die Schaubilder verglichen werden.

Ein Buchgeschenk an dich

VORBEREITUNG

Die Schüler suchen sich in der Bücherei jeweils zwei oder drei Bücher, die für sie selbst schön und wertvoll sind. Diese Bücher werden auf einem Tisch aufgelegt.

DURCHFÜHRUNG

Ein Schüler beginnt nun, ein von ihm ausgewähltes Buch an einen Mitschüler zu „verschenken", indem er etwa sagt: „Ich möchte dir dieses Buch schenken, weil du dich so für Tiere interessierst." Jeder in der Gruppe soll ein Buchgeschenk überreichen, und wenn noch Zeit bleibt, kann eine zweite Runde folgen.

VARIANTE

Das Buch wird mit dem einfachen Satz überreicht: „Ich möchte dir dieses Buch schenken." Wenn so jeder sein Buchgeschenk erhalten hat, sieht er sich dieses etwas genauer an und gibt dann seiner Freude über das Geschenk Ausdruck. „Dieses Buch macht mir Freude, weil …"

HINWEIS

Dieses Spiel eignet sich für Gruppen, deren Mitglieder einander schon gut kennen.

Lesewiese

VORBEREITUNG

Verschiedene Tücher liegen bereit.

DURCHFÜHRUNG

Die Schüler schmökern in einem Buch – und suchen sich dann dazu ein Tuch, das ihnen als „Lesewiese" am passendsten erscheint. Sie setzen oder legen sich darauf – und lesen …

VARIANTEN

- Welches Tuch passt mir überhaupt als Lesewiese?
- Welcher Polster ist für mich die beste Lesewiese?

Platzwechselspiel

VORBEREITUNG

Genügend Kinderbücher stehen zur Auswahl.

DURCHFÜHRUNG

Die Schüler schnappen sich ein Buch und haben nun eine Viertelstunde Zeit, darin zu lesen.
Dann trifft man sich im Sitzkreis und das Spiel kann beginnen! Der Spielleiter ruft zum Beispiel:
„Alle tauschen den Platz, in deren Buch ein Haus vorkommt!"
Der Spielleiter findet möglichst viele Beispiele, um nacheinander alle Sinne anzusprechen.
Beispiele: Platzwechsel bei: Wald, Tiere, Speisen, riecht gut, sehr laut, hart, schön, alt …

VARIANTE

Nach drei Platzwechseln heißt es plötzlich: „Alle tauschen die Bücher!" Jetzt muss natürlich eine neue „Leserunde" folgen, bevor das Platzwechselspiel weitergeht. Ein ganz strenger Spielleiter wird zwischendurch von den „Platzwechslern" den Beweis erbringen lassen, dass das ausgerufene Wort im Buch wirklich vorkommt.

HINWEIS

Spielleiter kann natürlich auch ein Schüler sein.

Bücherdomino

VORBEREITUNG

Genügend Bücher stehen zur Auswahl.

DURCHFÜHRUNG

Ein Schüler legt sein Buch auf den Boden. Der nächste legt seines dazu, weil es vom Titel her dazupasst. Der nächste legt sein Buch vielleicht auf der anderen Seite dazu, weil es vom Titelbild her dazupasst.

VARIANTE

Bücher werden wahllos in einer Reihe aufgelegt. Gemeinsam wird versucht, Begründungen für die Reihenfolge zu finden – im Sinne des Bücherdominos! Dabei können Kenntnisse vom Inhalt der Bücher von großem Nutzen sein!

Lesespiele aus dem Alltag

Lesen und Konsum

Einkaufszettel

VORBEREITUNG

Die Schüler bringen fertige Einkaufszettel ihrer Eltern oder selber verfasste Einkaufszettel in die Schule mit. Am Tisch oder am Boden ist ein Ortsplan der Einkaufsstadt, versehen mit den Straßennamen und den Geschäften ausgebreitet.

DURCHFÜHRUNG

Der Spieler liest zuerst seinen Einkaufszettel vor und sagt, welche Fachgeschäfte er aufsuchen muss, um seine Einkäufe erledigen zu können. Dann begibt er sich mit einer Spielfigur (oder mit einem Spielzeugauto) auf die Reise.

Ein Mitschüler oder die ganze Gruppe verfolgt seinen Weg und stellt fest, ob etwas vergessen wurde.

VARIANTEN

- *Im Großkaufhaus*
  Der Spieler wandert mit seiner Spielfigur auf dem Grundriss eines Großkaufhauses und erledigt seine Einkäufe in verschiedenen Abteilungen.
- *Großkaufhaus-Würfelspiel*
  Mehrere Spieler spielen gleichzeitig mit ihren Einkaufszetteln.
  Dabei kann aus einem Einkaufszettelstapel gezogen werden.
  Der Grundriss des Großkaufhauses kann mit Spielfeldern versehen werden. Die Spieler müssen würfeln und rücken entsprechend mit ihren Spielfiguren vor, um ihre Einkäufe zu erledigen. Sieger ist, wer als Erster alle Einkäufe erledigen konnte.

- *Wer kauft mit mir ein?*
  Alle Schüler gehen mit ihren Einkaufszetteln umher und vergleichen, wer die meisten gleichen Geschäfte aufsuchen muss.
- *Bauchladenspiel*
  Eine Verkäufergruppe hat Bauchläden (Schachteln) mit Waren oder Warenkärtchen. Wer von der Einkäufergruppe konnte zuerst alle seine Einkaufswünsche laut Einkaufszettel befriedigen?
- *Gefühle beim Einkauf*
  Reihum liest jeder seinen Einkaufszettel vor. Die anderen reagieren mit Mimik, Gestik, Ausrufen der Begeisterung, Ablehnung oder Gleichgültigkeit.
- *Geschäftswürfel*
  Auf einem Würfel sind die 6 Flächen mit 6 verschiedenen Lebensmittelgeschäftsbezeichnungen beklebt, z. B.:
  Fleischhauer, Bäcker, Molkerei, Obst und Gemüse, Getränke, Süßwaren.
  Auf einem Stapel liegen 20 Einkaufszettel. Reihum wird gewürfelt. Der Würfelnde darf den Einkaufszettel behalten, wenn das Würfelbild zu einer der Waren auf dem Einkaufszettel passt.
- *Einkaufszettelmemory*
  Jeweils zwei Zettel mit einer „Gleichheit" gehören zusammen.
- *Ausverkauf*
  Auf einer ausgehängten Warenliste (Plakat) sind etwa 20 Waren aufgelistet. Jede dieser 20 Waren steht auch auf je 5 Kärtchen, die alle mit der Schrift nach unten im Klassenraum verteilt sind. Jeder Schüler verfasst nun einen Einkaufszettel mit 5 Waren. Wer konnte als Erster mit Hilfe der Warenkärtchen die Waren seines Einkaufszettels besorgen?

Speisekarten

VORBEREITUNG

Speisekarten aus vier verschiedenen Speiselokalen: Konditorei, Fischrestaurant, Vegetarierlokal, italienisches Restaurant. Etwa 10 Menüzusammenstellungen zu jedem Lokal (Siehe Textbeispiel!). Mit Tischen und Stühlen werden 4 Lokale eingerichtet.

DURCHFÜHRUNG

Jeder Schüler bekommt eine Menüzusammenstellung. Er geht nun in eines der vier Lokale und überprüft anhand der dort aufliegenden Speisekarten, ob er im richtigen Lokal ist, wo sein Menüwunsch erfüllt werden kann. Ist er im richtigen Lokal, kann er beim „Ober"

seine Bestellung aufgeben, ansonsten wechselt er das Lokal, bis er das richtige gefunden hat.

Das Servieren und Konsumieren wird nun pantomimisch dargestellt.

Danach können neue Menüzusammenstellungen gezogen werden …

HINWEIS

Querverbindungen zum Sachunterricht, zu Deutsch und zu Mathematik (Preisangaben!) bieten sich an.

VARIANTE

Die Schüler suchen sich vor dem Betreten des Lokales einen Begleiter, der offensichtlich das gleiche Ziel hat.

TEXTBEISPIEL

SPEISEKARTE

Vorspeisen und Suppen (Antipasti, Zuppe)
Krabben mit Öl und Zitrone
Kleine Meeresspinnen auf venezianische Art
Languste auf venezianische Art
Fischsalat
Spaghetti mit Tomatensoße
Makkaroni mit Gorgonzolasoße
Schinken und Melone
Tortellini mit Schinken

Hauptspeisen (Piatti)
Ravioli mit Fleischsoße und Weißbrot
Rebhühner mit Polenta
Brathuhn mit Fadennudeln
Lasagne mit Tomaten
Pizza diabolo (scharf!)
Pizza alla napoletana
Pizza calzone
Pizza capricciosa
Pizza ai frutti di mare
Gemüse-Pizza
Pizza „quattro stagioni"
Pizza mafiosa
Nudelplatte mit Lasagne, Ravioli und Tortellini
Scampi gegrillt

Fischsuppe
Gemüsesuppe
Nudelsuppe
Bohnensuppe
Tomatensuppe
Zucchinisuppe
Tortellinisuppe
Raviolisuppe

Nachspeisen
Tiramisu
Kastanieneis mit Schlag
Profiterol mit Schlag
Gelati (Eis)
Erdbeeren mit Eis
Früchteeis

MENÜVORSCHLAG

Schinken mit Melone
Nudelplatte
Tiramisu

Kataloge

VORBEREITUNG

Versandhauskataloge, kurze Texte, Lesebücher, Märchenbücher

DURCHFÜHRUNG

Die Schüler fantasieren, was eine bestimmte Person aus dem von ihnen gewählten Text wohl aus dem Versandhauskatalog brauchen könnte. Dem Partner nennt er die zu bestellenden Gegenstände. Dieser wiederum formuliert zu jedem Gegenstand eine Begründung für die Bestellung.

Beispiel:

Schüler A: „Der Däumling bestellt eine Kaffeetasse".

Schüler B: „Damit er darin ein Bad nehmen kann."

VARIANTEN

- Jeder Schüler stellt für sich mit Hilfe des Kataloges eine Bestellliste zusammen (samt Preisangaben!), bezogen auf eine Person aus einem Text. Diese Liste vergleicht er mit den Bestelllisten von Schülern, die die gleiche Person gewählt haben.
- Der Spielleiter nennt ein Produkt. Jeder Schüler sucht möglichst schnell die entsprechende Seitenzahl im Inhaltsverzeichnis seines Kataloges. Wer diese zuerst rufen kann, darf die nächste Suchaufgabe stellen.
- Das Inhaltsverzeichnis wird nach neuen Oberbegriffen umgestaltet:
  Beispiel 1: spielen, schlafen, gehen, arbeiten, lernen …
  Beispiel 2: lustig, schön, interessant, unterhaltend, anstrengend, selten, gemütlich …

Gebrauchsanweisungen

VORBEREITUNG

Lückenhafte Gebrauchsanweisungen, in denen allzu deutlich Hinweise auf die Beschaffenheit und den Namen des jeweiligen Gegenstandes fehlen (siehe Textbeispiel!), Original-Gebrauchsanweisungen.

DURCHFÜHRUNG

Ein Schüler liest eine Gebrauchsanweisung still und stellt die Verwendung dieses Gegenstandes pantomimisch dar. Der (die) Spielpartner suchen unter einer Anzahl von bereitliegenden Gegenständen den richtigen heraus. Zur Überprüfung wird die Gebrauchsanweisung nun laut vorgelesen.

Beispiele:

Gebrauch eines Bleistiftspitzers, Auswechseln einer Füllfederpatrone, Löschen der Schultafel, Bedienung des Kassettenrekorders …

VARIANTEN

- Originalgebrauchsanweisungen werden entsprechenden Verpackungen zugeordnet.
- Originalgebrauchsanweisungen werden laut vorgelesen. Bei der darauf folgenden – eventuell pantomimischen – Handhabung werden Fehler eingebaut, die von den Zuschauern erraten werden müssen.

TEXTBEISPIEL

Lückenhafte Gebrauchsanweisungen

Bedienung eines Kassettendecks

- Das Kassettenfach öffnen.
- Die Wiedergaberichtung wählen.
- Zum Starten der Wiedergabe die PLAY-Taste drücken.
- Zum Stoppen der Wiedergabe die STOP-Taste drücken.

(Anm.: Hier fehlen zwei wichtige Punkte: Den Power-Schalter einschalten und die Kassette einsetzen.)

Auswechseln der Füllfederpatrone

- Die Hülse abziehen.
- Öffnen durch Linksdrehung.
- Entfernen der leeren Patrone.
- Einsetzen der neuen Patrone.
- Zusammensetzen durch Rechtsdrehung.

(Anm.: Hier fehlt der letzte Punkt: Die Hülse wieder aufstecken.)

Plakate

VORBEREITUNG

Eine Liste mit Arbeitsaufträgen und Fragen (Siehe Kopiervorlage!)

DURCHFÜHRUNG

Die Schüler betrachten Plakatwände (Litfaßsäulen) anhand der Liste und berichten im Unterricht davon. Es ist ihnen freigestellt, sich Notizen zu machen.
Aufgrund ihrer Erfahrungen gestalten sie nun selber Plakate. Diese werden letztendlich wiederum anhand der Liste von den Mitschülern analysiert.

Speiserezepte

VORBEREITUNG

Bilder von Speisen (echte Speisen) und die dazugehörigen Rezepte.

DURCHFÜHRUNG

Die Rezepte werden den Bildern (Speisen) zugeordnet.

VARIANTE

Ein „Koch" stellt die Zubereitung einer Speise pantomimisch dar.
Zu diesem Zweck hat er das Rezept gelesen. Die anderen Spieler erraten, welche Speise zubereitet wird.
.

HINWEIS

Es empfiehlt sich, pantomimische Vorübungen mit allen Spielern zu machen – immer wieder.
z. B.: schütten, schneiden, rühren, bestreuen, würzen, essen, …

Produktbeschreibungen

VORBEREITUNG

Viele verschiedene Werbeprospekte, Kataloge, Postwurfsendungen u. ä.

DURCHFÜHRUNG

Ein Schüler liest aus einem Werbeprospekt (Katalog) den Namen eines Produktes vor, ein anderer Schüler liest dazu eine beliebige Produktbeschreibung vor.
Beispiel:
Schüler A: „Dampfbügler!"
Schüler B: „Sieht umwerfend aus und macht eine knackige Figur, besonders preisgünstig im 5er-Pack!"

VARIANTEN

- Produktabbildungen und Produktbeschreibungen werden ausgegeben, gemischt und wieder einander zugeordnet. Welche Produktbeschreibung könnte auf mehrere Produkte zutreffen?
- Ein Schüler liest eine Produktbeschreibung vor, ein anderer versucht durch Tasten, dieses Produkt aus einer Anzahl von Produkten, die unter einem Tuch verborgen sind, herauszufinden.
- Geräusche, die mit Gegenständen erzeugt werden, müssen Produktbeschreibungen zugeordnet werden.
- Pantomimisch dargestellte Handhabungen von Gegenständen werden der Produktbeschreibung zugeordnet.
- Produktbeschreibungen werden Oberbegriffen zugeordnet:
  Holz, Metall, Textilien, Kunststoff, Leder, Glas, Keramik

Im Kaufmannsladen

VORBEREITUNG

Dosen, Schachteln und andere Verpackungen sammeln.

DURCHFÜHRUNG

Die „Einkäufer" haben sich Teile von Produktinformationen, die auf einer Verpackung stehen, gemerkt oder notiert. Diese Informationen teilen sie dem „Verkäufer" mit, worauf dieser versucht, das richtige Produkt aus dem Regal zu holen.
Beispiel:
„Ich möchte Fleischstücke im Ganzen. Fleisch und Innereien stammen ausschließlich aus tierärztlich kontrollierten Schlachthöfen von für Menschen genusstauglichen Tieren". (Lösung: Der Verkäufer stellt eine Dose mit Hundefutter auf den Ladentisch.)

VARIANTEN

- Einpacken: Waren werden ausgepackt und in neutrale Behälter (Schüsseln, Schachteln) gegeben. Die Mitspieler ordnen diesen nun die richtige Verpackung zu.
- Auspacken: Die Mitspieler der einen Gruppe haben je eine Verpackung in der Hand. Die Spieler der anderen Gruppe stellen reihum pantomimisch das Auspacken und eventuell die Verwendung einer Ware dar. Jener Spieler der ersten Gruppe, der die dazugehörige Verpackung hat, liest die entsprechende Produktbeschreibung auf seiner Verpackung vor.
- Was steht drauf?
  Spieler 1 zeigt Spieler 2 eine Verpackung und stellt diesem dann Fragen zur Produktbeschreibung.

  Beispiel:
  ○ Was glaubst du, wie schwer der Inhalt ist?
  ○ Wie ist die Zusammensetzung?
  ○ Wie lange hält das Produkt?
  ○ Wo kommt es her? …
  Die Fragen können auch von Spieler 2 gestellt werden. Sie werden dann von Spieler 1 mit Hilfe der Produktbeschreibung beantwortet.

Kassazettel

VORBEREITUNG

Kassazettel, Belege und Rechnungen werden von zu Hause mitgebracht.

DURCHFÜHRUNG

Die Zettel werden gemischt und an die Spieler verteilt. Jeder erhält einen Partner, der sich nun die Zettel durchsieht.
Er erzählt nun, was der Besitzer für Bedürfnisse hat, welchen Hobbys er eventuell nachgeht, womit er sich in letzter Zeit vermutlich beschäftigt hat oder was er vielleicht für bestimmte Bekannte, Verwandte oder Freunde besorgt haben könnte.

VARIANTEN

- Das Eintrittskartenspiel: Aufgrund der Eintrittskarten, die jemand in seiner Tasche hat, lässt sich feststellen, welchen Freizeitaktivitäten jemand nachgeht.
- Ein Lottospiel mit Kassazetteln, Belegen, Eintrittskarten, Einkaufszetteln, Buchtiteln, …
  Auf einem Stapel liegen eine Menge dieser Zettel. Ein zweiter Stapel besteht aus Zetteln, die von den Spielern verfasst wurden und in denen Situationen vorgegeben sind. Reihum kommt jeder Spieler dran. Er hebt ein Bedarfskärtchen ab und zieht nun so lange vom anderen Stapel Zettel, bis er einen Zettel zieht, der seinen Bedarf deckt.
  Beispiele für Bedarfskärtchen:
  ○ Du möchtest heute abend ins Kino gehen.
  ○ Du musst ein Bild aufhängen und musst ein Loch in die Wand bohren.
  ○ Du würdest gerne ein spannendes Buch lesen.
  ○ Du feierst eine Party. Besorge dir eine Menge Getränke!
  ○ Es ist Schulbeginn.

Lesen und Reisen

Flug über die Landkarte

VORBEREITUNG

Wandkarten, für jeden Mitspieler eine Handkarte.

DURCHFÜHRUNG

Ein Schüler fliegt mit einem Heißluftballon (= kleine Papierkugel, die an einer Schnur hängt) über das Land (die Landkarte, die am Tisch liegt, oder Wandkarte, die am Boden liegt) und erzählt von den Landschaften und Orten, die er überfliegt. Die Mitspieler folgen dem Ballonflieger auf ihrer eigenen Landkarte mit dem Finger. Musikuntermalung sorgt für eine geeignete Stimmung.

VARIANTEN

● Die Schüler schließen während der Ballonfahrt die Augen und versuchen am Ende, entsprechend der Erzählung des Ballonfliegers, die Reise zu rekonstruieren.

● Es werden mehrere „Ballonfahrten" schriftlich festgehalten (siehe Textbeispiel!). Anhand dieser Beschreibung versuchen die Schüler, „Ballonfahrten" nachzuvollziehen.

TEXTBEISPIEL

Du startest in Kirchdorf an der Krems auf dem freien Gelände westlich der Stadt. Du steigst steil empor und steuerst nun den Ballon nach Norden. Du folgst dem Flusslauf der Krems, bis du unter dir das Dorf Wartberg erkennen kannst. Nun fliegst du über einen sanften Hügel Richtung Westen und kannst bei Pettenbach eine Eisenbahnlinie erkennen. Der Bahnlinie nach Süden folgend, kommst du nach Scharnstein. Du überfliegst die Burgruine Scharnstein, und die Berge werden nun immer höher, je weiter du nach Süden kommst. Etwa auf der Höhe des romantischen Dörfchens Grünau siehst du rechts von dir den Zwillingskogel und ein paar Kilometer weiter den Kasberg. Ganz klein unter dir kannst du die Seilbahn erkennen, die von Grünau auf den Kasberg führt. Du suchst nun mit dem Fernglas dein Reiseziel – den Almsee. Zuerst glaubst du schon am Ziel zu sein, als du unter dir die etwas kleineren Ödseen glitzern siehst. Doch erst, als du nach Westen blickst, siehst du den Almsee, und du landest dort, wo der Weißeneggbach in die Alm mündet.

53

Hinweisschilder

VORBEREITUNG

Verschiedene Kärtchen (Siehe Kopiervorlagen!)

DURCHFÜHRUNG

Drei Spieler ziehen je ein Rollenkärtchen und ein Eigenschaftskärtchen, gehen zu den Hinweisschildern, wählen drei aus und legen diese wie einen Wegweiser auf. Sie bilden eine Ausflugsgruppe.

Im Rollenspiel müssen diese drei Mitspieler eine Entscheidung finden:

Welches Ziel besuchen wir zuerst?

Beispiel:

- Die gebrechliche Großmutter will ins Museum.
- Das faule Schulkind will auf den Fitnessweg.
- Der fröhliche Bauer will zum Würstelstand.

VARIANTEN

- Jeder Spieler zieht ein Rollenspielkärtchen, ein Eigenschaftskärtchen und ein Hinweisschild. Er muss gegenüber den anderen Spielern sein Wanderziel (Hinweisschild) „vertreten" – die Mehrheit entscheidet.
  Beispiel:
  Während der Großvater zur Volksschule will, schlägt der Chauffeur vor, dass alle auf dem Parkplatz bleiben. Das Baby aber will unbedingt zum Golfplatz. (Dieser Spieler hat z. B. die Kärtchen *Baby* und *eigensinnig* gezogen).
- Symbolschilder: Auf Stühlen sind Symbolschilder. (Siehe Abbildungen!) Ein Spieler ruft eine Bezeichnung (z. B.: „Gepäcksaufbewahrung!"). Jener Spieler, der zuerst den richtigen Stuhl besetzt, darf die nächste Aufgabe stellen.
- Für jedes Symbolschild gibt es eine Karte mit der Beschreibung des Symboles. (Siehe Beschreibungskärtchen!) Jeder Spieler sitzt auf einem beliebigen Stuhl mit einem Symbol. Ein Spieler zieht ein Beschreibungskärtchen und liest es vor. Der Spieler, der auf dem entsprechenden Platz sitzt, hat gewonnen. Nun heißt es „Platzwechsel!", und die nächste Runde beginnt.
- Jeder Spieler hat ein Symbolkärtchen auf der Brust (auf dem Rücken). Ein Platz im Sitzkreis ist frei. Nun wird nach dem Muster „Mein rechter Platz ist leer gespielt …"
  Beispiel:
  „Mein rechter Platz ist leer, ich wünsche mir den Notausgang her!"
- Die Spieler stehen verteilt im Raum. Jeder Spieler hat ein Symbol- bzw. Hinweisschild. Er hat auch ein Absichtskärtchen (Kopiervorlage!) in der Hand. Ein Spieler liest seine „Absicht" vor.
  Beispiel:
  „Ich möchte nach Gran Canaria fliegen."
  Jener Spieler, der mit seinem Symbol (Hinweisschild) der „Absicht" dienen kann, ruft z. B.: „Bei mir ist der Flughafen!" Nun begibt sich der erste Spieler dorthin. Der zweite Spieler darf jetzt seine „Absicht" kundtun …

Ansichtskarten

VORBEREITUNG

Leere und beschriebene Ansichtskarten sammeln.

DURCHFÜHRUNG

Jeder Schüler sucht sich eine Ansichtskarte aus, die ihn gerade anspricht. Er erzählt der Gruppe oder einem Partner, warum er diese Wahl getroffen hat. Vielleicht hat ihn das Motiv an ein Erlebnis erinnert?

Jetzt schreibt jeder über das Bild. Diese Texte werden dann vorgelesen. Welcher Text gehört zu welchem Bild? Wer ist der Autor?

Die Texte werden nun auf Karton geschrieben und kommen mit den dazugehörenden Ansichtskarten in eine Box. Immer wieder können die Schüler dann Bild und Text zuordnen. So kann später einmal ein Teil der eigenen Vergangenheit im sozialen Kontext wiedererlebt werden.

VARIANTEN

- Die Schüler lesen beschriebene Karten und fantasieren dann über den Absender: Wie sieht er aus? Wie alt könnte er (sie) sein? Was tut er wohl gerade?
- Die Schüler verfassen zu beschriebenen Ansichtskarten „Antwortkarten". Die anderen Schüler sollen später erraten, welche beiden Karten zusammengehören.

Autos

VORBEREITUNG

Kärtchen mit Farbe, Automarke und Kennzeichen, Zeitungsartikel (Verbrechensmeldungen), Prospekte, Rollenspielkärtchen.

DURCHFÜHRUNG

Es handelt sich um eine Fahndung.
Jeder Mitspieler stellt ein Kärtchen mit folgenden Angaben über sein Auto her: Farbe, Automarke, Kennzeichen.
Nun werden alle Kärtchen gemischt und vom Spielleiter neu verteilt – und natürlich geheim gehalten! Ein Spieler liest eine Zeitungsmeldung (Verbrechen) vor, an deren Ende das Fluchtauto mit Farbe, Automarke und Kennzeichen beschrieben wird.
Die Mitspieler („Autofahrer") bewegen sich im Raum und werden von drei Fahndern kontrolliert. Welcher Fahnder findet das Fluchtauto zuerst?

VARIANTEN

- Ein Spieler liest aus dem Anzeigenteil einer Zeitung so lange Kaufangebote für Autos vor, bis ein Mitspieler sein Auto (entsprechend seinem Kärtchen) zum Verkauf anbieten kann. Im Rollenspiel wird ein Verkaufsgespräch dargestellt.
- Autohändler: Er bietet auf der Grundlage eines Autoprospektes einem Käufer, dessen Rolle durch ein Rollenspielkärtchen definiert ist, ein Auto an.

ROLLENSPIELKÄRTCHEN

junger Mechaniker
freundlicher älterer Herr
Ausländer, der kaum Deutsch kann
armer Schlucker
neugieriger Lehrer
kritische Dame
reicher Mann
Rennfahrer, angeberisch

- Blitzlesen und Notieren von Autokennzeichen:
Je eine Schülergruppe stellt sich auf der linken und rechten Straßenseite auf und notiert Autokennzeichen.
- Welche Gruppe notierte die meisten Wunschkennzeichen?
Welches war das originellste Wunschkennzeichen?
- Wie viele nichteuropäische (nichtösterreichische) Kennzeichen hat die Gruppe notiert?
- Welches Fahrzeug kam von besonders weit her?
- Bei welchen Fahrzeugen sind Herstellerland und internationales Kennzeichen identisch gewesen?
- An wie viele Automarken (Logos) kannst du dich im Nachhinein erinnern und sie skizzieren?
- Welche Firmenaufschriften sind dir besonders aufgefallen?
- Welche zusätzliche Aufschriften auf Privatautos sind dir aufgefallen?
- Bei wie vielen Firmenautos stimmten Firmenaufschrift und Wunschkennzeichen überein?
- Blitzrechnen:
Die Gruppen versuchen, von möglichst vielen Kennzeichen die Ziffernsumme auszurechnen. (z. B.: FE 81 BF = 9!)

BESCHREIBUNGSKÄRTCHEN FÜR AUTOS

Farbe: weiß
Automarke: Citroen CX
Kennzeichen: FE 81 BF

Farbe: grün
Automarke: Peugeot 305
Kennzeichen: SP 34 ES

Farbe: rot
Automarke: BMW 325
Kennzeichen. W 586 VE

Farbe: gelb
Automarke: Ford Fiesta
Kennzeichen: PT 76 AU

Farbe: schwarz
Automarke: VW Golf Cabrio
Kennzeichen: LI 435 EI

Farbe: dunkelblau
Automarke: Audi 80
Kennzeichen: SV 34 EP

Farbe: rot
Automarke: Toyota Carina
Kennzeichen: VI 45 FM

Farbe: grau
Automarke: Opel Astra
Kennzeichen: W 3748 C

Packlisten

VORBEREITUNG

Verschiedene Packlisten (Siehe Kopiervorlage!)

DURCHFÜHRUNG

Eine Packliste liegt in der Mitte des Sitzkreises (z. B. für die Schullandwoche). Aus dieser Liste nennt ein Schüler einen beliebigen Gegenstand, den er in den Koffer packen möchte.

Der zweite Schüler in der Reihe wiederholt diesen Gegenstand und gibt einen zweiten dazu. Der dritte wiederholt die beiden ersten Gegenstände und fügt einen dritten hinzu.

Beispiel:

Schüler 1: „Ich packe in den Koffer ein Leintuch."

Schüler 2: „Ich packe in den Koffer ein Leintuch und eine Zahnbürste."

Schüler 3: „Ich packe in den Koffer ein Leintuch, eine Zahnbürste und einen Regenschutz."

(Dieses Spiel ist in ähnlicher Form auch unter dem Titel „Die Tante aus Amerika" bekannt.)

VARIANTEN

- Jeder Schüler zerschneidet seine Packliste und reiht die Gegenstände nach ihrer Wichtigkeit.
- Verschiedene Packlisten werden zerschnitten. Jeder Schüler zieht einen Zettel und sucht die Schüler, die Zettel von der gleichen Packliste haben.
- Viele Kärtchen mit Gegenständen aus verschiedenen Packlisten stehen zur Auswahl. Die Schüler können *neue Packlisten* zusammenstellen. Für welches Ausflugs- oder Reiseziel wurde der Koffer gepackt?
- Ein „Zöllner" sucht unter den Kärtchen den Gegenstand (z. B. Whisky, Zigaretten, Rauschgift, Pistole …), der „Schmuggelware" darstellt.

- Jeder Schüler hat ein Kärtchen mit einem Gegenstand aus einer Packliste. Der erste Schüler beginnt eine Geschichte, in welcher sein Gegenstand vorkommt. Der zweite setzt diese Geschichte mit dem Gegenstand auf seinem Kärtchen fort …
- Jeder Schüler darf dabei höchstens drei Sätze dazufügen.
- Ordnung in der Schultasche: Eine alte Schultasche und alle möglichen Gegenstände, die üblicherweise in einer Schultasche zu finden sind, dienen als Spielmaterial. Lesematerial sind verschiedene Zettel, auf denen verschiedene „Packordnungsvorschläge" stehen. Der Leser beginnt mit dem Spiel, indem er die Schultasche ausleert. Dann zieht er einen „Packordnungszettel" und versucht, die Packordnung genau nach Vorschrift herzustellen.

TEXTBEISPIEL

Gib alle Farbstifte in die Holzfederschachtel!
Die Bleistifte stecke der Größe nach geordnet in die Federschachtel mit dem Reißverschluss! Die Schere und die Füllfeder befinden sich in dieser Federschachtel auf der anderen Seite.
Gib die Federschachteln und das Jausensackerl in das äußerste Fach der Schultasche! In das mittlere Fach gib alle Gegenstände, die zum Deutschunterricht gehören! In das erste Fach gib die restlichen Gegenstände! Das Mathematikbuch und das Sachunterrichtbuch gib in die rote Mappe!

HINWEIS

Es können auch „Nonsens-Packordnungen" oder „Packunordnungen" unter den Textbeispielen sein, was die Kinder besonders animiert, selber Texte zu gestalten.

Ortsbezeichnungen suchen

VORBEREITUNG

Landkarte für jeden Mitspieler.

DURCHFÜHRUNG

Beispiel 1: Ortsbezeichnungen mit Tieren suchen:
Eberstein, Saualpe, Finkenstein, …
Beispiel 2: Ortsbezeichnungen mit Vornamen:
Leopoldschlag, St. Stefan, Mariazell, …
Beispiel 3: Bezeichnungen mit Wasser:
Seewalchen, Zwischenwässern, Rohrbach, …
Wer findet die meisten passenden Ortsbezeichnungen?

VARIANTEN

- Ortsbezeichnungen regen auch zu tollen Zeichnungen an!
- Mit Ortsbezeichnungen lässt es sich auch gut reimen!
  Beispiel:
  In der Schule von Eberstein
  da singen die Schüler fein!

Reiseprogramme

VORBEREITUNG

Pauschalangebote von Reiseveranstaltern (Siehe Kopiervorlagen!)

DURCHFÜHRUNG

Im Rollenspiel wird im „Familienrat" über verschiedene Urlaubsziele diskutiert. Die Familienmitglieder bringen dabei Informationen ein, die sie Pauschalangeboten von Reiseveranstaltern entnehmen.
Die Familie entscheidet sich für ein Angebot. Auf der Landkarte wird die Reiseroute nachvollzogen. Jede Familie schickt an eine andere Familie einen Brief aus ihrem Urlaub. Dabei sind wieder die Informationen aus dem Prospekt hilfreich!
Nach der Rückkehr aus dem Urlaub treffen die Familienmitglieder Freunde, Bekannte und Arbeitskollegen und erzählen vom Urlaub. Ein imaginärer Diavortrag findet eventuell auch statt.

VARIANTEN

- Ein Schüler liest das Reiseprogramm vor, die anderen spielen die Geräuschkulisse: Busfahrt, Abflughalle, Flugzeuglärm, Hotelrezeption, Stadtbummel, Markt, Hafen, Strand, Stadtverkehr, Restaurant, …
- Ein Schüler spielt etwas vor (Geräusche oder Pantomime), alle anderen, in deren Reiseprogramm dieser Programmpunkt aufscheint, machen spontan mit.

Verkehrszeichen

VORBEREITUNG

Verkehrszeichen – ausgeschnitten, Karten mit Verkehrszeichendefinitionen (siehe Kopiervorlagen!), Karten mit Beschreibungen von Verkehrszeichen (siehe Textbeispiel!)

DURCHFÜHRUNG

Die Spieler ziehen Verkehrszeichen und bilden Gruppen nach den Oberbegriffen *Verbot-, Gebot- und Hinweisschilder*. Sie versuchen nun, aus den anderen Karten die richtigen Definitionen und Beschreibungen herauszusuchen.

VARIANTEN

- Stimmungsschilderwald: Ein Spieler geht durch einen „Schilderwald" aus lauter Verkehrszeichen. Jene Spieler, die diese Schilder halten, rufen dabei auch die Definition ihrer jeweiligen Schilder (z. B.: „Einfahrt verboten!", „Halteverbot!"). Wie fühlte sich der Verkehrsteilnehmer dabei? Und wie fühlt er sich dann in einem Wald aus lauter Gebotsschildern bzw. Hinweisschildern?
- Blind im Schilderwald: Die Spieler stellen sich mit Verkehrsschildern oder mit den Beschreibungskarten im Raum auf. Einige Spieler versuchen, blind von der einen Seite des Raumes zur anderen zu gelangen. Stoßen sie bei einem Verbotsschild an, müssen sie zurück zum Start. Bei einem Gebotsschild dürfen sie blind weitergehen, bei einem Hinweisschild öffnen sie die Augen und gehen zum Ziel (= gegenüberliegende Seite des Raumes).
- Kimspiel mit Verkehrszeichen:
  Verkehrszeichen blind ertasten, ordnen, erkennen, …
- An welche Verkehrsschilder kannst du dich nach einem Gang durch den Schilderwald erinnern?

- „Verkehrschaos": Ein Spieler geht aus dem Raum. Jeder andere Spieler bekommt eine Definitionskarte. Alle Spieler rufen gleichzeitig immer wieder ihre Definitionen. Der erste Spieler betritt wieder den Raum. Er findet neben der Tür die Verkehrszeichen, aus denen er die aussuchen muss, deren Definitionen er aus diesem „Schreichor" heraushört.
- „Geschwindigkeitsbeschränkung:" Alle Spieler bewegen sich im Raum, in dem Tempo, das ihnen jeweils das vom Spielleiter hochgehaltene Geschwindigkeitsbeschränkungszeichen signalisiert.
  Beispiel:
  10 km = sehr langsam, 100 km = sehr schnell
- Ein Spieler liest eine Beschreibungskarte vor. Die anderen zeichnen das entsprechende Verkehrszeichen und schreiben die Definition darunter.

TEXTBEISPIEL

Beschreibungen von Verkehrszeichen

Das Verkehrszeichen ist rund, rot eingerahmt ist ein weißer Kreis.

Das Verkehrszeichen ist rund, rot eingerahmt und im weißen Kreis ist ein Fahrrad schwarz gezeichnet.
Das Verkehrszeichen ist rund, blau mit einem weißen Fahrrad in der Mitte.

Das Verkehrszeichen ist dreieckig, die Spitze zeigt nach oben. Es ist rot eingerahmt und im weißen Feld sind zwei Kinder schwarz gezeichnet.

Das Verkehrszeichen ist viereckig, blau, mit zwei Pfeilen: Der rote zeigt nach unten, der weiße nach oben.

Das Verkehrszeichen ist dreieckig, rot eingerahmt und die Spitze zeigt nach oben. Im weißen Feld ist ein schwarzer Zaun dargestellt.

Ortsprospekte

VORBEREITUNG

Verschiedene Ortsprospekte aus dem Bundesland.

DURCHFÜHRUNG

Drei Spieler preisen gegenüber der „Reisegruppe" den Ort an, dessen Prospekt sie studiert haben. Die Reisegruppe muss sich für eines der drei Reiseziele entscheiden.
Der „Reiseleiter" führt die Gruppe durch diesen Ort (Klassenzimmer). Dabei dienen verschiedene Gegenstände in der Klasse als Impulse. (Beispiel: Auf das Kreuz weisend, erzählt der Reiseleiter von der gotischen Kirche.) Aber auch der Prospekt kann zur Hand genommen und zitiert werden!

VARIANTEN

- Eine Anzahl von Ortsprospekten, die vorher von allen Spielern gelesen wurden, liegen in der Kreismitte.
Alle schließen die Augen. Ein Spieler liest aus einem Prospekt vor. Dann legt er den Prospekt zurück und fragt: „Wo war ich?" Die anderen stellen sich zum entsprechenden Prospekt. Wer steht richtig?
- Aus dem vorhandenen Prospektmaterial wird ein Ortsprospekt für einen anderen, allen bekannten Ort zusammengestellt. So kann auch eine Collage für einen Traumort zusammengestellt werden!
- Welcher Prospekt passt zu einem Buch, das ich der Gruppe vorstellen möchte?
- Die Prospekte werden nach verschiedenen Kriterien geordnet:
Sport, Badeorte, Bergdorf, Kulturstätten, …

Reisebeobachtungen

VORBEREITUNG

„Checkliste" (Siehe Kopiervorlage!)

DURCHFÜHRUNG

Dieses Spiel findet ausnahmsweise nicht im Klassenverband statt. Es ist eine Hausübung (besser gesagt eine „Straßenübung") für jeden einzelnen Schüler. Er soll sie im Laufe eines Schulhalbjahres bei Autofahrten erledigen. Alles, was er beobachtet hat, kreuzt er während der Fahrt an. Zum Schluss kann er dazu eine Zeichnung anfertigen.

VARIANTEN

- Die Mitspieler verfassen Reisebeschreibungen, die sie anderen Mitspielern auf eine Reise mitgeben. Welche dieser Beobachtungen kann auch der andere Spieler machen?
- „Kurzreisebeschreibungen" in der Umgebung der Schule dienen als Grundlagen für Orientierungsspiele oder Orientierungsläufe.

Lesen und Information

Fernsehprogramm

VORBEREITUNG

Für jeden Schüler ein Fernsehprogramm.

DURCHFÜHRUNG

- Jeder Spieler versucht, die Bedeutung zusätzlicher Zeichen im Programm zu ergründen und zu erklären.

  Beispiel:
  !! = empfehlenswert, F = Spielfilm …
- Rollenspiel: Der „Fernsehmoderator" gibt eine Programmvorschau für den nächsten Tag. (Auch als Doppelmoderation durch Wechsellesen mit einem Partner möglich!)
  Die Zuhörer notieren sich 3 Sendungen. Welche Sendung hat die höchsten Einschaltquoten?

VARIANTEN

- Welcher Moderator kann Filmbeschreibungen am vorteilhaftesten präsentieren? Eine Zuhörerjury verteilt Punkte!
- Welches Programm läuft?
  Alle Spieler haben das gleiche TV-Programm vor sich. Ein Spieler beginnt, eine Szene aus einem Programmpunkt pantomimisch oder auch verbal zu spielen. Wer kann als Erster die entsprechende Uhrzeit des Programmpunktes rufen?
- Der Spielleiter stellt auf der Spieluhr spontan eine Uhrzeit ein. Wer kann zuerst das Programm nennen, das zu diesem Zeitpunkt läuft?

- Gruppen werden beauftragt, aus dem Programm „Spezialvideos" zusammenzustellen und diese vorzustellen.
  Beispiel:
  - Nachrichtenvideo: Zeit im Bild, Mini-ZiB, Wetter, Tagesschau, Österreich heute …
  - Kinderprogrammvideo: …
  - Titelkombinationen: Titel werden zu neuen Titeln oder Sätzen kombiniert.
  Beispiel:
  - „Eine unmögliche Person"
  - „25 Jahre Carinthischer Sommer"
  - „Musikantenstadl"
  - „Hiob"
  Diese vier Titel können so kombiniert werden:
  „Eine unmögliche Person sitzt mit Hiob 25 Jahre lang im Carinthischen Sommer vor dem Musikantenstadl."
- Szenencollage: Spielergruppen kombinieren 3 bis 4 Filmbeschreibungen zu einer Szenencollage (Improvisation) und spielen sie den anderen Gruppen vor.

Zeitungen

VORBEREITUNG

Alte Zeitungen

DURCHFÜHRUNG

Ein Spieler bekommt eine Doppelseite einer Zeitung. Er verkündet daraus laut eine Schlagzeile, die er mehrmals ausruft. Dann reißt er die Zeitung in der Mitte auseinander, gibt die zweite Hälfte der Zeitung einem anderen Spieler. Nun werden bereits zwei Schlagzeilen verkündet. Wieder werden die Zeitungen halbiert, nun sind es schon vier Schlagzeilen, die gleichzeitig verkündet werden usw. Zum Schluss wird das zerrissene Zeitungsblatt wieder wie ein Puzzle zusammengesetzt.

VARIANTEN

- Jeder Spieler schneidet eine Schlagzeile aus der Zeitung aus und zerschneidet sie in die einzelnen Wörter. In Kleingruppen werden die Schlagzeilen vermischt. Nun wird wieder zusammengesetzt. Es können auch zur Abwechslung Nonsensschlagzeilen entstehen.
- Jeder Spieler kommt einzeln dran, einen Zeitungsartikel still zu lesen. Er reagiert beim Lesen durch seine Mimik auf den Eindruck, den der Artikel auf ihn macht. Die anderen Spieler versuchen durch Fragen zu erraten, worum es in diesem Artikel ging.
- Jeder Spieler sucht Schlagzeilen, die er anderen Spielern überreicht. Er kommentiert das Überreichen mit Worten wie:
  „Das wird dich sicher interessieren", oder „Da wirst du entsetzt sein", oder „Eine erfreuliche Nachricht für dich."
- Der Spielleiter hat zwei gleiche Zeitungen besorgt und gibt die zerknüllten Seiten einer jeden Zeitung in je einen Papierkorb.
  Es werden zwei Spielergruppen gebildet. Jede Gruppe leert ihren Papierkorb aus und versucht eine Fragenliste des Spielleiters, die sich auf die Zeitungsartikel bezieht, möglichst schnell zu beantworten.
  Beispiel:
  Wer erreichte den 5. Platz beim Eisschnelllauf über 1.000 m?

- Ein Spieler verkündet lauthals Schlagzeilen. Die anderen Spieler reagieren mittels Mimik, Gestik und Sprache entsetzt, erfreut, verwundert, bestürzt, gleichgültig usw.
- Aus dem Regionalteil einer Zeitung sucht sich jeder Spieler einen Artikel aus. In Kleingruppen erfinden die Spieler nun Rollenspiele, in welchen der Artikel eines jeden einzelnen Spielers der Kleingruppe irgendwie vorkommt.
- Gruppenweise wird aus Schlagzeilen entweder eine positive Zeitung mit lauter positiven Meldungen oder eine negative Zeitung mit lauter negativen Meldungen zusammengestellt.
- Kleingruppen stellen als Statuen einzelne Schlagzeilen dar. Die anderen Gruppen suchen aus mehreren Schlagzeilen die dazupassende aus.
- Sportberichterstattung: Jeder Spieler sucht sich aus einer Zeitung den Bericht über ein sportliches Ereignis heraus.
  Nun berichtet er selber in verschiedenen Rollen über dieses Ereignis.

Beispiele:
- Als Berichterstatter im Fernsehen.
- Als Fan des Siegers.
- Als Fan des Verlierers.
- Als aggressiver Schlachtenbummler.
- Als sportinteressierter Laie.
- Als Gegner dieser Sportart.
- Als Anhänger dieser Sportart.
- Als professioneller Kenner dieser Sportart.

Telefonbuch

VORBEREITUNG

Telefonbücher sammeln - für jeden Mitspieler ein Telefonbuch.

DURCHFÜHRUNG

Alle haben die gleiche Telefonbuchseite vor sich liegen. Ein Spieler wählt die Telefonnummer einer Firma und fragt z. B.:

„Ist dort Firma Aichwalder in Klagenfurt?" Wer zuerst diese Firma findet, meldet sich am Telefon und spielt das Telefongespräch mit Spieler 1, dem Anrufer.

VARIANTEN

- Partnerspiel: Spieler 1 fährt blind mit dem Finger eine Spalte im Telefonbuch herab. Der Partner ruft „Stopp!" Spieler 1 liest den Namen des „getippten" Fernsprechteilnehmers. Spieler 2 tippt entweder auf „männlich", „weiblich" oder „neutral" (Firmen, Institute). Hat er das Geschlecht richtig geraten, erhält er einen Punkt …

- Berufsuchspiel: „Wer findet im Telefonbuch auf Seite X als Erster einen Lehrer/Doktor/Ingenieur/Gastwirt, …"

- Vornamensuchspiel: „Wie viele Franz/Maria … findest du auf Seite X?"

- „Suche möglichst viele Namen (und schreibe sie auf), in denen Tiere vorkommen!"

  Z. B.: Hasenbichler, Löwenbräu, Hirschböck …

- Scharaden zu Namen im Telefonbuch:

  Ein Spieler verdeutlicht pantomimisch einen Namen auf einer Seite des Telefonbuches. Die anderen suchen den Namen.

- Wenn du in den Nachbarort übersiedeln würdest, wo würdest du deinen Namen finden?

- Das „Stadt-Land-Spiel" mit dem Telefonbuch:

  Beispiel:

  POSTAMT   ARZT   GEMEINDEAMT
  PFARRAMT   GASTHAUS

  Jeder Spieler lässt die Seiten des Telefonbuches so lange durch seine Finger flutschen, bis einer „Stopp!" ruft. Auf dieser Seite und bei Bedarf auf den folgenden Seiten muss jeder nun beginnen, die Telefonnummern dieser Einrichtungen zu suchen und zu notieren.

  Wer zuerst alle Nummern gefunden hat, ruft sofort „Stopp!"

  Für jede gefundene Nummer bekommt jeder einen Punkt. Der Schnellste erhält einen zusätzlichen Punkt.

ORT	POSTAMT	ARZT
XY	2473	2846
GEMEINDEAMT	PFARRAMT	GASTHAUS
3838	4739	4739
PUNKTE:	4	

- Mein Wunschname: Jeder Spieler blättert so lange im Telefonbuch, bis er einen Familiennamen gefunden hat, der ihm besonders gut gefällt. Auch den Vornamen findet er schön. Nun schreibt er den Namen, die entsprechende Vorwahl und die Telefonnummer auf und gibt den Zettel einem Partner, von dem er ebenfalls einen Zettel bekommt.

  Jeder sucht jetzt seinen „Partner" im Telefonbuch. Sie spielen dann ein Telefongespräch, bei dem sie einander kennen lernen und sich ihre Fantasien über Beruf, Familienstand und Lebensweise der „Wunschperson" mitteilen.

Spielregeln

VORBEREITUNG

Spielregeln von möglichst vielen verschiedenen Spielen sammeln.

DURCHFÜHRUNG

Ein Mitspieler liest nur einen Teil einer Spielregel vor: Material/Vorbereitung/Verlauf/Spielende.
Um welches Spiel handelt es sich?

VARIANTEN

- Jeder Spieler erfindet drei Regeln, die bei einem Spiel im „Notfall" eine Ausnahme (Rettung) bedeuten können. Diese schreibt er auf je ein Kärtchen. Diese Regelkärtchen werden gemischt und neu verteilt.
  Beispiel 1: „Du darfst ausnahmsweise ein drittes Kärtchen aufdecken." (Memory)
  Beispiel 2: „Derjenige, der dich werfen wollte, muss selber zum Start zurück." (Mensch ärgere dich nicht).
  Jedes Notfallkärtchen darf nur in einer Spielsituation eingesetzt werden.
- Mit maximal 20 Wörtern soll jeder Mitspieler die Vorbereitung zu einem allgemein bekannten Spiel formulieren. Wessen Formulierung stimmt mit möglichst vielen Wörtern mit der Originalspielregel überein?
- Ein Spieler streicht von der Originalspielregel einen/zwei/drei Sätze, die seiner Meinung nach zum Spielverständnis und für den Spielverlauf besonders wichtig sind. Er liest die gekürzte Fassung vor. Die anderen Spieler versuchen, die gekürzte Fassung wieder zu vervollständigen.
- Spielregeln von Wettbewerbs-, Glücks- und Kampfspielen werden so umformuliert, dass sie zu Spielen ohne Verlierer werden.
- Umformulieren des „Spielendes": Der Sieger wird zum Verlierer.
- Einbauen von Fehlern in die Spielregeln. Durch eine Umformulierung wird ein Spiel unspielbar.
- Regelkombination: Aus Elementen verschiedener Spielregeln werden neue Spiele kreiert.

Hausordnung

VORBEREITUNG

Hausordnungen (Siehe Kopiervorlage!)

DURCHFÜHRUNG

Ein Mitspieler wird im Rollenspiel vom „Hausmeister" zur Rede gestellt. Er habe gegen Punkt 3 der Hausordnung verstoßen. Der Beschuldigte antwortet, er kenne Punkt 3 der Hausordnung nicht.
Deshalb weist der Hausmeister darauf hin, dass die Hausordnung im Stiegenhaus zu lesen sei. Nachdem der Beschuldigte die Hausordnung gelesen hat, kann er sich erst gegenüber dem Hausmeister rechtfertigen.

VARIANTEN

- Die Paragraphen der Hausordnung stehen auf Kärtchen. Die Spieler ziehen Kärtchen und stellen pantomimisch Verstöße gegen die Hausordnung dar. Die anderen suchen die entsprechende Textstelle in der Hausordnung.
- Beim Vorlesen der Hausordnung baut der „Haumeister" bewusst Fehler ein. So kann die Hausordnung entweder positiv entschärft oder noch verschärft werden, sodass das Zusammenleben im Haus gravierend verändert wird. Welche Veränderungen würden das Zusammenleben unmöglich machen?
- Hausordnung für das Kinderhaus: Die Spieler entwerfen in Gruppen besonders kinderfreundliche Hausordnungen. Die Hausordnungen der anderen Gruppen werden nun beurteilt.
- Hausordnungen für verschiedene Häuser: Jede Gruppe entwirft eine Hausordnung für ein vorgegebenes Haus, z. B. Kaserne, Altersheim, Schule, …
  Die Hausordnung wird an eine andere Gruppe weitergegeben. Diese entwickelt ein Rollenspiel, in dem die Hausordnung eine besondere Rolle spielt.
- In welchem Haus bin ich?
  Beim Eintreten in ein Haus werden einem Mitspieler verschiedene Paragraphen der Hausordnung zugerufen. Er soll raten, in welchem besonderen Gebäude er ist.
- Mieterversammlung: Im Rollenspiel wird die Sinnhaftigkeit der Hausordnung diskutiert.

Einladungen

VORBEREITUNG

Sammeln verschiedener gedruckter und handschriftlicher, offizieller und privater Einladungen.
Gestalten eigener Einladungen.

DURCHFÜHRUNG

Vier Mitspieler lesen ihre vorher verfassten Einladungen der Gruppe vor.
Die anderen entscheiden sich nun, zu welcher der vier Veranstaltungen sie gehen werden. In jeder Ecke stellen sich die „Partygäste" zuerst zu einem Gruppenfoto auf – ein Fotograf wird bestimmt!
Im Rahmen der Party kommen dann die Gäste miteinander ins Gespräch.
Jeder tritt als eine Person auf, die in dem von ihr zuletzt gelesenen Buch eine Rolle gespielt hat.

VARIANTEN

- Einladungstag: Die Klasse versucht, mindestens zwei Stunden lang, nur mittels schriftlicher Aufforderungen (Einladungen) miteinander zu kommunizieren.
  Beispiel:
  - „Ich lade dich ein, mit mir in der Pause Schnur zu springen!"
  - „Ich lade dich ein, mich in Ruhe zu lassen!"
  - „Ich lade dich ein, mir den Spitzer zu leihen!"
- Einladungen weitergeben. Die von den Mitspielern liebevoll und kreativ gestalteten Einladungen zu verschiedenen Anlässen (Kinderfasching, Geburtstag, Hochzeit, Sportfest, Geisterparty, …) liegen auf. Jeder Spieler nimmt sich eine, die ihm besonders gut gefällt, und überreicht sie einem Freund mit netten Worten. Dieser gibt sie wieder an einen anderen Freund weiter. So wandern die Einladungen.
- Einladungsblitzlesen: Wer kann nach 10 Sekunden Betrachten noch Fragen zur Einladung beantworten, wie: WO? WANN? WAS? WER? …
- Kreatives Deklamieren von Einladungen:
  Beispiele:
  Chor (Sprechgesang), mittelalterliche Ausrufer, Lautsprecheransage, im Telegrammstil …

Urkunden

VORBEREITUNG
Urkunden verschiedener Art sammeln.

DURCHFÜHRUNG
Geburtsurkunden: Jeder Mitspieler tauscht seine Geburtsurkunde mit einem anderen und schlüpft damit in dessen Rolle. Er zieht ein „Rollenkärtchen", das ein bestimmtes Anliegen formuliert. Er sucht nun mit Hilfe dieses Kärtchens das entsprechende Amt, wobei ihm „Türschilder" helfen. Der „Beamte" stellt dem „Bürger" Fragen zu seiner Person, die dieser mit Hilfe der mitgebrachten Geburtsurkunde beantworten kann.
Beispiel:
- „Name?"   - „Geboren wo?"
- „Geburtsdatum?"   - „Name der Eltern?" usw. …

Nun äußert der Bürger sein Anliegen und in einem kurzen Rollenspiel wird dies abgehandelt.

VARIANTEN

- Siegerehrung: Die Spieler haben Urkunden mitgebracht, die sie bei verschiedenen Anlässen bekommen haben. Diese werden ausgestellt und können gelesen werden. Die Urkundenbesitzer stehen für Anfragen zur Verfügung – und geben dem Urkundentext entsprechend Auskunft.
  Später wird – theatralisch – Siegerehrung gespielt. Unter Anwesenheit von Ehrengästen und Publikum werden den „Siegern" die Urkunden überreicht.
- Kreative Urkunden: Nach dem Muster der vorliegenden Urkunden kreieren die Spieler neue Urkunden.
  Beispiele:
  - Urkunde für den besten Tempelhüpfer
  - Urkunde für den besten Koch
  - Urkunde für den großzügigsten Jausenteiler
  Diese Urkunden liegen dann auf. Ein Mitspieler stellt pantomimisch eine der ausgezeichneten Fähigkeiten dar (Tempelhüpfen). Die anderen Spieler überreichen die Urkunden, wenn sie wissen, wem sie gebühren.
- Die Mitspieler schreiben Urkunden für ihre Freunde, in denen sie Lob für nette Gesten und liebenswerte Eigenschaften formulieren.

Ausweise

VORBEREITUNG

Reisepassmuster, Führerscheinmuster u. dgl.

DURCHFÜHRUNG

Nach dem Muster eines Führerscheines erstellen die Schüler Berechtigungsausweise für verschiedene Tätigkeiten und Funktionen in der Klasse.
Beispiele:
- Klassengärtnerausweis
- Kopierapparatführerschein
- Overheadbedienungsberechtigungsschein
- Bibliothekarslizenz …

Für jeden dieser Ausweise gibt es eine spezielle „Führerscheinprüfung".
Prüfungsfragen und -aufgaben werden gemeinsam erstellt.

VARIANTE

Passkontrolle: Von jedem Mitspieler wird nach einem Reisepassmuster ein individueller „Reisepass" erstellt. Jeder wählt sich dafür einen Fantasienamen. Die „besonderen Kennzeichen" werden unter Umständen mit Schminkstiften angebracht (z. B. die Narbe oberhalb der linken Augenbraue).
Alle Spieler gehen nun langsam von der einen Seite des Raumes zur anderen – dabei halten sie ihren geöffneten Reisepass sichtbar vor der Brust. Drei „Grenzgänger" haben falsche Pässe (vertauscht). Die „Zöllner" lesen im Vorbeigehen die Pässe. Sie dürfen jedoch nur die drei „Illegalen" aufhalten, wenn sie diese entdecken.

TEXTBEISPIEL

Prüfung für den Klassengärtnerausweis

- Geben Sie den Namen von mindestens 5 Blumenstöcken in der Klasse an!
- Woran erkennen Sie, dass ein Blumenstock gegossen werden soll?
- Woran kann es liegen, dass eine Pflanze im Topf nicht gut gedeiht? (Beispiele!).
- Beschreiben Sie einen Keimversuch (Bohne)!
- Welche verschiedenen Pflanzenteile können gegessen werden? Geben Sie 5 Beispiele an!
- Erzählen Sie von der Nützlichkeit des Regenwurms!
- Setzen Sie eine von Ihnen gewählte Pflanze ein!
- Zeichnen Sie eine Frühlingsknotenblume und beschriften Sie die Pflanzenteile!

Zeugnisse

VORBEREITUNG

Alte Zeugnisse, aktuelle Zeugnisformulare, eventuell auch außerordentliche Zeugnisse.

DURCHFÜHRUNG

Lesen alter Schulzeugnisse: Die Schüler bringen Zeugnisse ihrer Eltern und Großeltern mit. Alte Druck- und Handschriften werden dabei entziffert. Die Unterrichtsfächer werden verglichen. In Rollenspielen schlüpfen die Mitspieler in die Rolle der Erwachsenen, als diese noch Schüler waren. Sie bringen das (eventuell schlechte) Zeugnis nach Hause. Wie reagierten die Eltern?

VARIANTEN

- Erfundene und selbst gestaltete Zeugnisse werden im Rollenspiel „zu Hause" gezeigt und besprochen. Beispiele:
  - Neue Unterrichtsgegenstände werden erfunden.
  - Das Zeugnis enthält nur Gegenstände, die dem betreffenden Schüler sehr gut liegen.
  - Das Zeugnis enthält nur unsinnige Gegenstände.
  - Das Zeugnis enthält wichtige Gegenstände, die leider in der Schule nicht unterrichtet werden.
  - Die Zeugnisnoten kommen durch Würfeln zustande. (Wie gerecht sind Noten?!)
- „Ein Zeugnis für Rotkäppchen": Zeugnisse für Personen in Büchern werden entworfen. Sie bekommen Noten für: Mut, Ehrlichkeit, Geschicklichkeit, …
- „Ein Zeugnis für mein Fahrrad": Geräte und Spielzeug können beurteilt werden. Zum Beispiel bezügl. Haltbarkeit, Beschädigungen, Festigkeit, gefälliges Aussehen, …
- „Ein Zeugnis für ein Buch" (siehe Kopiervorlage!)
- Im Sinne der alternativen Leistungsbeurteilung stellen Schüler sich gegenseitig Zeugnisse mit verbaler Beurteilung aus. Diese können nun für Ratespiele verwendet werden.

SCHULBÜCHEREI DER

VOLKSSCHULE IN . . . .

LESERZEUGNIS
für
ein Buch

Autor: . . . .

Titel: . . . .

Art des Buches: . . . .

Inhalt	Benotung
Gestaltung der Titelseite	_____
Bilder	_____
Lustige Personen	_____
Schöne Plätze	_____
Fantasie	_____
Wissen	_____
Spannung	_____
Interessante Personen	_____
Gute Freundinnen und Freunde	_____

Ort: _____   Datum: _____

Leiter der Bibliothek   Leser

_____

Lesespiele zur Kommunikation

Texte zum Raten und Suchen

Leserallye

VORBEREITUNG

Jeder Spieler verfasst einen Zettel mit 6 Ortsangaben. Beispiel:
1. Hinter der Tafel
2. Auf dem Waschbecken
3. Im Papierkorb
4. Auf dem Fensterbrett
5. Unter dem Lehrertisch
6. Neben der Schreibmaschine

Anspruchsvoller zum Verfassen und Lesen wird das Spiel noch, wenn die Ortsangaben in Sätze oder Texte eingebaut werden.

BEISPIELE MIT SÄTZEN

1. Wenn du die Tafel herunterziehst, wirst du an der Wand mit Tixo befestigt einen Zettel mit dem nächsten Buchstaben finden.
2. Der nächste Zettel, den du suchen sollst, ist schwer zu finden, weil er sich im Papierkorb unter vielen anderen Zetteln befindet.

BEISPIELE MIT TEXTEN

1. Herr Moser war morgens meistens etwas verschlafen. Mit einem Wort, er war ein richtiger Morgenmuffel. Eines Tages, als er schlaftrunken aus seinem Bett stieg, war er sehr verwundert, als er vor den Spiegel trat. Klebte da nicht ein Zettel?
2. Die Lehrerin Steinkellner war eine sehr wissbegierige Person. Sie interessierte nicht nur, was die Schüler so in ihre Hefte schrieben, sondern auch, was so an Notizzetteln im Papierkorb landete. Und siehe da, da gab es eines Tages im Papierkorb einen Zettel mit einem Buchstaben und einer geheimnisvollen dreistelligen Nummer darauf.

Die Ortsangabezettel können für jedes Spiel neu gemischt, ausgeteilt und verwendet werden.

Jeder Ortsangabezettel wird mit einer anderen dreistelligen Nummer versehen, um Verwechslungen mit anderen zu vermeiden.

Für das Spiel brauchen wir nun „Geheimniswörter", die sechs Buchstaben haben. Das Geheimniswort wird nun in seine Buchstaben zerschnitten, jeder der kleinen Buchstabenzettel mit der dreistelligen Zahl versehen, die auch auf dem Ortsangabenzettel steht.

DURCHFÜHRUNG

Nun werden die Buchstabenzettel von jedem Spieler dem Ortsangabezettel entsprechend im Raum versteckt. Sein Spielpartner bekommt nun den Ortsangabezettel, sucht die Buchstaben, setzt diese dann zusammen und weiß das Geheimniswort.

Sätze auf dem Luftballon

VORBEREITUNG

Während einer Schülergruppe mehrere Texte zum Durchlesen vorgelegt werden, schreibt die andere Schülergruppe einen dieser Texte in Fragmenten auf mehrere Luftballons. Auf jedem der Luftballons stehen etwa zwei bis fünf Sätze.

DURCHFÜHRUNG

Die Luftballongruppe lässt zu Musik ihre Luftballons durcheinander tanzen. Die Rategruppe versucht vorerst anhand der tanzenden Luftballons den richtigen Textzettel zu finden. Dann wird der Textzettel abgelegt und die Luftballons in der richtigen Reihenfolge aufgelegt, sodass sich ein sinnvoller Text – dem Zettel entsprechend – ergibt.

Leseplätze

VORBEREITUNG

Wir gehen in den Schulhof, in einen Park oder in ein Waldstück nahe der Schule.
Jeder nimmt ein Buch mit und wandert durch das Gelände.
Hin und wieder macht er Halt, setzt sich, oder legt sich in die Wiese oder lehnt sich an einen Baum und versucht in seinem Buch zu lesen. Den Platz, an dem er sich beim Lesen am wohlsten fühlte, merkt er sich.
Nun treffen sich wieder alle Schüler zur verabredeten Zeit.
Jeder beschreibt nun seinem Partner den ausgesuchten Platz so, dass ihn dieser vielleicht sogar ohne Hilfe finden könnte.
Nun suchen die beiden den Platz auf. Sie verfassen dort schriftlich eine Beschreibung des Platzes und seiner Umgebung.

DURCHFÜHRUNG

Alle Schüler treffen sich, jeder hat einen Zettel mit der Beschreibung seines Lieblingsplatzes mit. Er tauscht mit einem beliebigen Schüler den Zettel. Nun begeben sich alle auf die Suche nach dem beschriebenen Platz. Später teilen sie dem Verfasser des Zettels das Ergebnis der Suche mit und gehen wiederum zu diesem Platz. Sie setzen sich mit einem Zeichenblock hin und zeichnen den Platz. Nun werden wiederum alle Zeichnungen in der Großgruppe in der Mitte des Kreises aufgelegt.
Die Beschreibungen werden vorgelesen, die dazugehörigen Zeichnungen erraten. Wiederum können nun die Spieler, ausgerüstet mit Zeichnung und Beschreibung eines anderen Spielers, auf die Suche gehen. Vielleicht wartet ein Brieflein beim Lieblingsplatz, das dem Suchenden Aufschluss darüber gibt, ob der richtige Platz gefunden wurde. Vielleicht versucht nun der Suchende im gleichen Buch zu schmökern, das der „Besitzer" des Lieblingsplatzes hier gelesen hat.
Bei einem neuerlichen Zusammentreffen können Eindrücke über den Lieblingsplatz, die Leseatmosphäre dort und Eindrücke über das Buch ausgetauscht werden.

Namenrätsel

VORBEREITUNG

Im Sesselkreis legt jeder ein Namensschild (Schrifthöhe ca. 5 cm) vor sich auf den Boden.

DURCHFÜHRUNG

Jeder Spieler nimmt sich nun etwa 5 Minuten Zeit, um Besonderheiten bei den Namen der anderen zu entdecken.
Nun stellen einzelne Rätsel.
Beispiele:
- „In einem Wort steckt der Name Anna" (Lösung: Johanna)
- „Ein Wort kommt in der Bibel oft vor." (Lösung: Lukas)
- „Ein Name hat nur drei Buchstaben" (Lösung: Eva)

Die anderen Spieler versuchen den gemeinten Namen zu erraten.
Wer das Namensschild zuerst erhascht, darf es behalten und das nächste Rätsel stellen.

Beschreibung von Familien

VORBEREITUNG

Jeder Spieler schreibt für jedes seiner Familienmitglieder ein Kärtchen, auf dem er jede Person in wenigen Sätzen beschreibt.
Alle seine Kärtchen versieht er mit der gleichen dreistelligen Nummer, damit diese nicht mit den Kärtchen anderer Spieler durcheinander geraten können.

DURCHFÜHRUNG

Nun verteilt er die Kärtchen an Mitspieler. Diese stellen ohne sein Zutun die Familie als „Familienfoto" dar.

Wenn das Familienfoto steht, rät der Verfasser der Kärtchen, wer was sein könnte. Es kommt zu einer Diskussion zwischen Verfasser und Darstellern. Verschiedene Sichtweisen der Rollen in der Familie werden besprochen. Das Bild kann noch einmal verändert werden. Nun können die schriftlichen Beschreibungen einem anderen bisher unbeteiligten Spieler übergeben werden, der versucht, Text und Bild einander zuzuordnen.

Texte mit Gefühl

VORBEREITUNG

Als Textgrundlage werden Schüleraufsätze zu folgenden Themen verwendet: „Wenn ich traurig bin", „Wenn ich glücklich/zornig/ängstlich/zufrieden/ungeduldig/übermütig/gelangweilt/verzweifelt/… bin" Diese Texte können sich Volksschulklassen auch von Hauptschulklassen besorgen.
Es werden doppelt soviel Texte wie Schüler benötigt. Jeder Text bekommt eine Nummer.

DURCHFÜHRUNG

Im Sesselkreis äußert jeder Schüler, wie er sich heute fühlt, was ihn bewegt, worauf er sich freut oder wovor er sich fürchtet. Dann geht er auf die Suche nach einem der oben beschriebenen Texte, der seinem Gefühlszustand nahe kommt. Er merkt sich die Nummer dieses Textes.
Er sucht sich einen Partner. Dieser liest sich den Text durch.
Die beiden erläutern den Text, stellen Unterschiede und Abweichungen fest, formulieren mündlich einen ähnlichen, für sie noch zutreffenderen Text.

VARIANTE

Der Spieler stellt sein Gefühl als Skulptur dar, lässt seine Skulptur einen Spielpartner nachvollziehen und diesen einen dazupassenden Text aussuchen.

Raumbeschreibung

VORBEREITUNG

Als Textgrundlage dienen Schülertexte zum Thema: „So sehe ich unsere Klasse von meinem Platz aus." Selbstverständlich kann der Schüler nicht alles genau beschreiben, sondern er wird auf Details und Eindrücke eingehen, die ihm selber besonders wichtig sind.
Am Beginn des Textes muss die Beschreibung seines eigenen Sitzplatzes stehen, damit andere Spieler, die später seinen Text verwenden, wissen, von welchem Beobachtungsplatz sie ausgehen müssen.

DURCHFÜHRUNG

Der Spieler sucht sich einen Partner, der nun auf dem Stuhl des Verfassers Platz nimmt. Dieser liest den Text laut vor und zeigt auf die im Text angesprochenen Plätze und Gegenstände.
Nach dieser ersten „Leserunde" sitzt der Partner nun mit geschlossenen Augen am Sessel. Der Text wird ihm nun vorgelesen, er zeigt blind auf die im Text angesprochenen Objekte.

Raumalphabet

VORBEREITUNG

Jeder Spieler nimmt zehn verschiedene Buchstaben des Alphabets als Anfangsbuchstaben von Stichwörtern. Diese Stichwörter sind Gegenstände und Begriffe, die es im Raum gibt.
Er schreibt diese Stichwörter auf einen Zettel.

DURCHFÜHRUNG

Ein Spielpartner sucht die Stichwörter im Raum anhand des Zettels.

VARIANTEN

- Die Stichwörter werden in Sätze eingebunden.
  Beispiel: Neben der Tafel hängt der Stundenplan. Ich sehe ein Bild, dessen untere Rahmenleiste beschädigt ist. Auf einem Fenster klebt ein Papierstern.
- Die Stichwörter werden in kurze Texte eingebunden.
  Beispiel:
  - Eines Tages kam unser Lehrer in die Klasse. Er hatte ein geheimnisvolles Gesicht aufgesetzt. Er sagte: Ab heute haben wir einen anderen Stundenplan. Wir haben jetzt jeden Tag eine Turnstunde. (Stundenplan)
  - In einem Bilderrahmen war ein Zirkusbild. Da war Hano, der stärkste Mann der Welt, Furo, das wildeste Pferd der Welt und Kiko, der lustigste Clown der Welt. Dieses Bild hing im Rathaus neben dem Zimmer des Bürgermeisters. (Bild)
  - Obwohl die Mutter dem Kind verboten hatte, den Weg zu verlassen, befolgte Rotkäppchen den Rat des Wolfes und suchte eine Lichtung, wo die schönsten Blumen wuchsen, um für die kranke Großmutter einen Blumenstrauß zu pflücken. (Blumenstrauß)

Briefe zu Texten

VORBEREITUNG

Jeder Schüler verfasst einen Brief, den eine Person (ein Tier, eine Pflanze, ein Gegenstand) in einer Geschichte des Lesebuchs verfasst haben könnte.

DURCHFÜHRUNG

Der „Briefträger" verteilt die Briefe. Die Empfänger lesen die Briefe und begeben sich im Lesebuch auf die Suche.
Er sucht nun aus der „Antwortbriefschachtel" (soweit bereits vorhanden) den dazupassenden Antwortbrief. Falls ein solcher noch nicht vorhanden ist, schreibt er einen. Dieser kann dann bei der nächsten Spielrunde zum Einsatz kommen.

TEXTBEISPIEL

In Hofers Garten

(Badegruber/Pirkl, Geschichten zum Problemlösen, Veritas-Verlag, Linz 1993)

Es war einmal eine Raupe. Sie wohnte auf den Salatblättern in Herrn Hofers Garten. Als sie wieder einmal lustig vor sich hinfraß, hörte sie Herrn Hofer, der gerade der Gartenarbeit nachging, vor sich hinschimpfen: „Dieses verflixte Raupenzeug ist zu nichts gut: klein, hässlich und schädlich. Ja, die Regenwürmer, die lob' ich mir, die machen mir die Erde schön locker!" Diese Worte machten die kleine Raupe ganz ärgerlich. Und als sie den nächsten Regenwurm sah, rief sie ihm zu: „Du bist ein blöder Erdkriecher!" Der Regenwurm antwortete: „Dafür bin ich dreimal so lang wie du!"

Nach ein paar Monaten, als der Regenwurm wieder einmal seinen Kopf neugierig aus der Erde streckte, flatterte ein wunderbares, buntes Ding direkt über ihm und rief ihm zu: „Hallo, alter Freund! Du bist ja schon wieder länger geworden. Wie geht's da unten in der Erde?" „Danke, gut!", antwortete der Regenwurm erstaunt. „Aber ich kenne dich doch gar nicht." „Schmetterling ist mein Name, und früher war ich die kleine Raupe, die Herrn Hofers Salatblätter fraß. Weißt du was, heute hörte ich, wie Herr Hofer murmelte: ‚Ich habe doch die schönsten Schmetterlinge des Dorfes in meinem Garten und die schönsten und längsten Regenwürmer!'

Sehr geehrter Herr Hofer!
Ich habe mich sehr über Ihr Lob gefreut.
Sie können sich gar nicht vorstellen, wie glücklich ich war, als ich hörte, dass Sie stolz sind, dass Sie so schöne Schmetterlinge wie mich in Ihrem Garten haben.
Ich verspreche Ihnen, dass ich für immer bei Ihnen im Garten bleiben werde.
Übrigens: Der Regenwurm und ich sind auch Freunde geworden.
Viele liebe Grüße, Ihr schönster
Schmetterling

Beobachtungsspiel

VORBEREITUNG

Die Schülergruppe bekommt Arbeitsaufträge im Rahmen des Unterrichts, bei denen sie verschiedenen Tätigkeiten nachgehen muss.

Jeder Schüler soll im Laufe des Vormittags einen „Beobachtungszettel" schreiben und ihn in die Beobachtungsschachtel legen. Vorher soll er sich jedoch die Beobachtungszettel durchlesen, die bereits in der Schachtel liegen, um zu vermeiden, dass Beobachtungen doppelt aufscheinen.

Beispiele:

- Ein Schüler kratzt sich am Kopf.
- Jemand spricht mit dem Lehrer.
- Ein Kind schreibt etwas.
- Ein Kind schaukelt mit dem Sessel.

DURCHFÜHRUNG

Im Laufe eines der nächsten Vormittage kommt jeder Schüler dran, das Beobachtungsspiel zu spielen. Er legt alle Beobachtungszettel vor sich auf, liest sie und beginnt dann mit dem Beobachten. Kann er eine Beobachtung bei seinen Mitschülern machen, die auf einem der Beobachtungszettel notiert ist, kann er diesen Zettel in die Schachtel zurücklegen. Nach zehn Beobachtungen ist er mit dem Spiel fertig. Ein anderer Schüler kommt dran.

Geheime Zeichen

VORBEREITUNG

Die Fingersprache erlernen
Indianerschriftposter
Stenografiekürzel (Siehe Kopiervorlagen!)

DURCHFÜHRUNG

Fremde oder eigene Texte werden verschlüsselt weitergegeben.

Texte mit Fragen

Ein Tauber fragt den Stummen

VORBEREITUNG

Man einigt sich auf ein Wissensgebiet, z. B. „Tiere".
Jeder Spieler liest nun geheim und für sich einen Sachtext zu einem Tier.

DURCHFÜHRUNG

Es werden Paare gebildet. Einer der beiden Spieler ist der „Taube", der andere ist der „Stumme". Der Taube möchte nun herausfinden, welchen Tiertext der Stumme gelesen hat.
Er stellt dem Stummen Fragen. Dieser kann lediglich mit Kopfnicken oder Kopfschütteln antworten.
Wenn nun der Taube das Tier des Stummen erraten hat, muss der Stumme raten. Da er nicht sprechen kann, muss er seine Fragen schriftlich an den Tauben richten. Vielleicht wurde vorher schon gemeinsam mit der ganzen Klasse ein Fragenkatalog zum Thema „Tiere" erarbeitet und aufgeschrieben und der Stumme muss nur noch mit dem Finger auf die entsprechende Frage des Arbeitsblattes zeigen.

Fragekette und Nacherzählung

VORBEREITUNG

Alle Schüler haben die gleiche Geschichte gelesen.

DURCHFÜHRUNG

Ein Spieler erzählt den ersten Satz der Geschichte.
Der nächste Spieler stellt nun eine Frage, die den dritten Spieler zum Erzählen des zweiten Satzes der Geschichte provoziert.
Mit einer weiteren Frage erreicht Spieler 4, dass Spieler 5 die Geschichte fortsetzt.

VARIANTE

Zwei Schülergruppen haben jeweils eine andere Geschichte gelesen. Die eine Gruppe ist die Erzählgruppe, die andere die Fragegruppe. Die Fragegruppe versucht am Ende der Frage-Erzähl-Kette die Geschichte nochmals zu erzählen.

Das Warum-Spiel

VORBEREITUNG

Ein Text.

DURCHFÜHRUNG

Ein Spieler liest den ersten Satz des Textes. Der zweite Spieler stellt eine Begründungsfrage zu diesem Satz. Der dritte Spieler gibt zu dieser Frage eine Begründung. Dann kommt der nächste Satz dran, wobei die Spieler ihre Rollen wechseln können.
Beispiel:
Spieler 1 liest: In einem kleinen Bauernhof wohnt ein kleiner Kater mit seiner Mutter und seiner Großmutter.
Spieler 2 fragt: Warum wohnt er dort mit seiner Mutter und seiner Großmutter?
Spieler 3 antwortet: Weil sein Vater die Familie verlassen hat.
Spieler 1 liest: Der kleine Kater fühlt sich oft einsam.
Spieler 2 fragt: Warum fühlt er sich oft einsam?
Spieler 3 antwortet: Weil er keine Spielkameraden hat.

VARIANTEN

- Jeder Spieler schreibt seinen Satz auf ein Kärtchen. So entsteht ein Terzett. Wer findet beim Vorlesen der ganzen Geschichte aus den am Tisch aufgebreiteten Zetteln die zur jeweils vorgelesenen Textstelle passenden?
- Jeder Spieler schreibt über sich selber. Er beschreibt sich und seine Familie. Dann liest er Satz für Satz seine Beschreibung einem Mitspieler vor. Dieser stellt dann jeweils eine Begründungsfrage, die nun der Verfasser des Textes beantworten muss.

Prüfungsfragen

VORBEREITUNG

Jeder Spieler hat einen Sachtext, auch der Prüfer, der mit dem Rücken zu den Schülern sitzt, die dem Prüfling einsagen sollen.

DURCHFÜHRUNG

Der Prüfer stellt eine Frage zum Sachtext. Die anderen Schüler suchen die Antwort auf ihrem Zettel und versuchen gut einzusagen.
Erkennt der Prüfer einen zu lauten „Einsager" an seiner Stimme, ermahnt er diesen namentlich. Dieser Spieler wird nun seinerseits zum Prüfling.

VARIANTE

Die Schüler erhalten eine Liste von Prüfungsfragen.
Sie versuchen diese Fragen schriftlich zu beantworten. Sie haben auch Schwindelzettel (Sachtexte), auf denen die Antworten zu den Prüfungsfragen zu finden sind. Ein Kind spielt den Lehrer. Seine Aufgabe ist es, Schwindelzettel zu konfiszieren, die nicht im Bankfach liegen. Es darf also nur solche Schwindelzettel wegnehmen, die es im Vorbeigehen deshalb erhaschen kann, weil sie nicht im Bankfach liegen.

Nach Eigenschaften fragen

VORBEREITUNG

Die Klasse wird in drei Gruppen geteilt.
Gruppe A verfasst viele Kärtchen mit netten Eigenschaftswörtern und verschenkt sie an die Mitglieder der Gruppe B.

DURCHFÜHRUNG

Die Mitglieder der Gruppe C fragen nun die Mitglieder der Gruppe B nach ihren Eigenschaften.
Beispiel: „Bist du freundlich?" Hat der entsprechende Spieler tatsächlich ein Kärtchen mit „freundlich", gibt er es dem Spieler der Gruppe C. Welcher Spieler der Gruppe C konnte möglichst schnell die meisten Eigenschaftswortkärtchen ergattern?

Und wie ist das mit dir?

VORBEREITUNG

Ein beliebiger Text pro Schüler.

DURCHFÜHRUNG

Es werden Dreiergruppen gebildet. Der erste Schüler beginnt laut seinen Text vorzulesen. Der zweite Schüler ruft an einer beliebigen Stelle „Stopp!". Er stellt nun dem dritten Spieler eine persönliche Frage, die zum soeben gehörten Text passt.

BEISPIEL

„Als Stefan nach Hause kommt, ist er so wütend, dass er Mama am liebsten beißen würde."
Frage: „Wie war das bei dir, als du das letzte Mal eine Stinkwut auf deine Mutter hattest?"

Den Text erfragen

VORBEREITUNG

Für je zwei Schüler den gleichen Text.

DURCHFÜHRUNG

Der Schüler A stellt seinem Partner eine Frage, die als Antwort den ersten Satz des Textes provoziert. Schüler B liest nun den ersten Satz vor. Schüler A stellt eine Frage zum zweiten Satz. Schüler B antwortet, indem er den zweiten Satz vorliest. Schüler C hört zu und rekonstruiert nach 5 Sätzen die Geschichte.

VARIANTE

Schüler A kennt den Text nicht. Er hat 10 Minuten Zeit, den Schüler B über den Text zu befragen. Dann berichtet er dem Schüler C, was er erfahren hat.

Fragekartenwettlauf

VORBEREITUNG

Wir haben eine Menge von Kärtchen mit persönlichen Fragen an die Mitspieler.
Beispiel: Wie alt bist du? Wie heißen deine Geschwister? Welche Musik hörst du gerne?

DURCHFÜHRUNG

Die Spieler sitzen im Sesselkreis. Ein Platz ist zu wenig. Zwei Schiedsrichter befinden sich in zwei Ecken des Raumes mit jeweils der Hälfte der Fragekärtchen. Ein Spieler geht außen um den Kreis. Plötzlich ruft er den Namen eines der im Kreis sitzenden Spieler. Dieser läuft zu einem der beiden Schiedsrichter.
Auch der erste Spieler läuft zu einem der beiden. Nun beginnen die beiden Kontrahenten dort die Fragekärtchen laut zu lesen und zu beantworten. Der Schiedsrichter achtet auf ordnungsgemäße Antworten. Wer seine Fragen beantwortet hat, läuft zurück zum Kreis und setzt sich auf den leeren Stuhl. Der Langsamere der beiden Spieler konnte keinen Stuhl ergattern, er geht nun seinerseits um den Kreis und ruft wieder einen Spieler auf, gegen den er nun um die Wette die Fragekärtchen beantworten muss.

VARIANTEN

- Partnerweise hat man einige Fragekärtchen und eine Münze zur Verfügung. Zeigt die aufgeworfene Münze die Zahl, muss man die Frage wahrheitsgetreu beantworten. Zeigt die Münze das Wappen, erfindet man eine Lüge.
- Spieler A stellt alle Fragen, die auf dem Kärtchen stehen dem Schüler B. Schüler C befindet sich nicht im Raum. Er weiß also nicht, wer Schüler B ist. Nun kommt er herein und stellt die Fragen, die er von den Fragekärtchen abliest, dem Schüler A, der diese stellvertretend für den Schüler B beantworten muss. Kann Schüler C erraten, auf wen die entsprechenden Antworten zutreffen könnten?

Was würdest du tun, wenn ...

VORBEREITUNG

Jedes Schülerpaar bereitet auf 4 Zetteln schriftlich 4 „Problemsituationen" vor. Unter der „Problemschilderung" werden schriftlich 3 bis 5 Handlungsalternativen (Problemlösungen) angeboten. Jeder Zettel wird doppelt verfasst.
Gebraucht werden noch Spielchips oder Kieselsteine zum Punkteverteilen.

BEISPIEL FÜR EINEN PROBLEMZETTEL

Du kommst in die Klasse. Fremde Schulsachen liegen auf deinem Tisch. Ein Mitschüler sitzt auf deinem Platz. Deine Sachen sind weg.

A Du sagst: „Verschwinde sofort von meinem Platz, sonst gibt es was!"
B Du setzt dich ohne etwas zu sagen auf einen anderen Platz.
C Du wartest, bis der Lehrer kommt.
D Du redest dem Mitschüler gut zu, den Platz zu räumen.
E Du suchst die Unterstützung von anderen Kindern.

DURCHFÜHRUNG

Schüler A und Schüler B haben den gleichen Problemzettel.
Schüler A liest nun dem Schüler B die Problemsituation laut vor.
Nun drehen sich beide Schüler um, und Schüler B legt einen Kieselstein auf jenen Problemlösungssatz, der ihm persönlich am ehesten entspricht. Schüler A legt ebenfalls (für Schüler B nicht sichtbar) auf seinem Zettel den Kieselstein zu jenem Satz, von dem er glaubt, dass er von Schüler B gewählt wurde.
Stimmen die beiden Kieselsteine überein, dürfen sie sich die Steine behalten. Nun holen sie sich das nächste Zettelpaar. Die Zettelpaare können auch mit anderen Spielerpaaren ausgetauscht werden.

Bauernregeln

VORBEREITUNG

Es werden Bauernregeln gesammelt und in der Klasse an verschiedenen Plätzen deponiert (siehe Kopiervorlage!).
Zu jeder Bauernregel wird ein Kärtchen geschrieben, das mit „Was ist, wenn ..." beginnt.
Beispiel: Was ist, wenn früh rumort und pfeift die Maus?
Die entsprechende Antwort ist in der Bauernregel zu finden:
Das gute Wetter reißt bald aus, wenn früh rumort und pfeift die Maus.

DURCHFÜHRUNG

Jeder Spieler zieht ein Fragekärtchen aus der Schachtel und läuft los, um den entsprechenden Spruch zu finden.
Hat er ihn gefunden, holt er sich das nächste Kärtchen. Wer hat als Erster fünf Bauernregeln ergattert? Zum Schluss wird kontrolliert, ob Fragekärtchen und Bauernregeln zusammenpassen.

Texte zum Kontaktfinden

Textgeschenke

VORBEREITUNG

Lose Stammbuchseiten, Kalendersprüche und andere Weisheiten.

DURCHFÜHRUNG

Die Schüler suchen Texte aus, die für bestimmte Mitschüler passen. Sie „schenken" den Text dem Mitschüler. Dieser gibt an, ob und warum ihm der Text gefällt oder nicht gefällt.
Er kann den Text auch ablehnen oder ihn nicht annehmen. Er kann ihn aber auch weiterschenken.

VARIANTEN

- Dem Geburtstagskind der Klasse werden Textgeschenke für das neue Lebensjahr mit auf den Weg gegeben.
- Vorlesegeschenke: Die Mitschüler äußern im Sesselkreis Wünsche an Texten. Sie sagen auch, wer ihnen den Vorlesewunsch erfüllen soll.
  Beispiele:
  - „Ich möchte, dass mir Robert ein Herbstgedicht vorliest."
  - „Ich möchte, dass mir Agnes eine Donausage vorliest."
  - „Susi, such bitte für mich einen lustigen Witz aus!"
  - „Ich würde gerne etwas über Delphine erfahren. Markus, lies mir bitte etwas über Delphine vor!"

Nun begeben sich alle Schüler auf Textsuche. Bei wem keine „Vorlesebestellungen" eingetroffen sind, der kann sich selber einen Mitschüler aussuchen, den er beschenken möchte.
Eine weitere Möglichkeit wäre es, die Textwünsche auf Zettel zu schreiben. Jeder Mitschüler zieht einen Zettel und bereitet dann das entsprechende Textgeschenk vor.

Inserat

VORBEREITUNG

Jeder Spieler beschreibt sich in Form eines Partnerschaftssuch-Inserats auf einem Zettel.

DURCHFÜHRUNG

Alle Spieler nehmen gleichzeitig aus der Inseratenschachtel einen Zettel und suchen die entsprechende Person. Haben sie die richtige Person gefunden, legen sie den Zettel in die Schachtel zurück und nehmen einen neuen Zettel, um sich erneut auf die Suche zu begeben.

VARIANTE

Jeder Spieler zieht einen Zettel. Er versucht nun im Sesselkreis zu begründen, warum er der gesuchte Partner sein könnte, oder warum er keineswegs der gesuchte Partner sein kann.

Begrüßung

VORBEREITUNG

Die Schüler bekommen den Auftrag, 5 kurze Lesestücke, in denen verschiedene Personen vorkommen, zu lesen.
Jeder Schüler schreibt auf je einen Zettel jeweils den Namen einer Person, die in einer Geschichte vorkam. Alle Namenszettel kommen in eine Schachtel.

DURCHFÜHRUNG

Alle Spieler ziehen gleichzeitig einen Namenszettel. Nun schlüpfen sie in die Rolle dieser Person und begrüßen alle Personen. Sie können auch von den anderen Mitspielern befragt werden, wer sie sind und wie es ihnen geht. Wichtig ist dabei, dass jeder Spieler das Verhalten und die Eigenschaften der dargestellten Person beibehält. Nach einiger Zeit kann jeder Spieler seine Rolle wechseln. Er legt seinen Zettel in die Schachtel zurück und zieht einen neuen.

Aufwecken mit Text

VORBEREITUNG

Es werden Texte gesucht, die gut geeignet sind, jemanden zum Aufstehen zu bewegen. Es können auch selber Texte erfunden und aufgeschrieben werden.

DURCHFÜHRUNG

Die eine Hälfte der Spieler spielt die Schlafenden.
Sie haben es sich im Raum gemütlich gemacht und ein kuscheliges Plätzchen gefunden. Leise, sanfte Musik ist im Hintergrund zu hören. Die andere Hälfte der Spieler sind die Weckenden.
Sie holen sich „Aufwecktexte" aus der Schachtel, gehen zu einem Schlafenden und lesen diesem den Text vor. Je nach Geschmack wird dieser früher oder später munter. Nun wird er zum Weckenden und der andere legt sich nieder. Der neue Weckende legt den alten Zettel in die Schachtel zurück und holt sich einen neuen Zettel, um erneut jemanden aufzuwecken.

TEXTBEISPIELE

> Kurt träumte gerade von einem Ritt durch die Wüste. Er saß auf einem hohen Kamel, die Sonne brannte herunter. Weit und breit gab es nur Sand, Sand, Sand …
>
> Langsam wurde es Morgen. Einzelne Vogelstimmen waren zu hören.
> Die schwarze Nacht machte einer grauen Morgendämmerung Platz.
> Die Schatten einzelner Bäume und Sträucher wurden langsam sichtbar. Gegen den Himmel konnte man Spinnwoben erkennen, in denen der Tau glitzerte. Dort, wo im Osten bald die Sonne aufsteigen würde, wurde der Himmel bereits heller. Im Haus war es noch ruhig. Nur die Katzen warteten bereits vor der Haustür auf Einlass.
>
> „Steh auf, du kommst zu spät! Munter werden, es ist schon sieben Uhr! Das Frühstück ist schon fertig. Es gibt Kuchen und Kakao. Hast du vergessen, dass wir heute einen Ausflug zum Badesee vorhaben? …"

Berührungstext

VORBEREITUNG

Die Spieler verfassen Anleitungen für sanfte Berührungen.

DURCHFÜHRUNG

Je drei Spieler bilden ein Team. Spieler A ist der Leser. Er liest die Anleitungen vor. Spieler B ist der aktive Spieler, Spieler B der passive. Er wird entsprechend der vorgelesenen Anleitungen von Spieler B berührt. Dann werden die Rollen getauscht. Später können auch die Berührungsanleitungen mit anderen Teams getauscht werden.

TEXTBEISPIEL

1. An den Ohrläppchen zupfen.
2. Sanft über das Haar streichen.
3. Das Knie massieren.
4. Auf der Fußsohle kitzeln.
5. Auf die Schulter klopfen.
6. Den Rücken sanft massieren.
7. Mit dem Zeigefinger unter dem Kinn streicheln.
8. Die Unterschenkel abklopfen.
9. Mit den Fingerspitzen am Bauch Klavier spielen.
10. Die Finger und die Handflächen durchkneten.

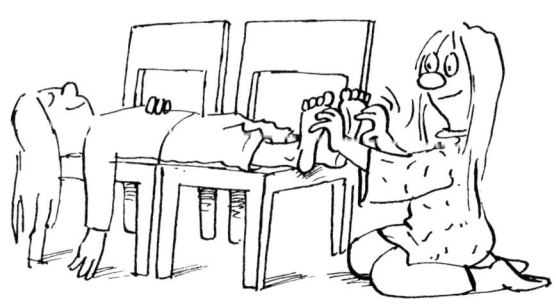

Anleitungen für Bildhauer

VORBEREITUNG

Ein Spieler stellt sich als Statue hin. Er denkt dabei an eine Person, die sich durch eine markante Körperhaltung auszeichnet.
Beispiele: Tennisspieler, Reiter, Jäger beim Zielen, jemand beim Frisieren …
Der andere Spieler beschreibt nun schriftlich diese Körperhaltung detailliert und setzt seine Unterschrift darunter.

DURCHFÜHRUNG

Nun bekommt ein anderes Paar die Statuenbeschreibung. Es versucht die Statue exakt nachzubauen. Sind die beiden fertig, wird der Verfasser der Anleitung gebeten, das Werk zu überprüfen. Anhand des Textes werden Fehler korrigiert.

VARIANTEN

- Besucher versuchen im „Wachsfigurenkabinett", die Texte den Figuren richtig zuzuordnen.
- Die Statuen können zusätzlich noch als Strichmännchen gezeichnet werden. So kann dieses Spiel auch als Zuordnungsspiel am Tisch gespielt werden.

TEXTBEISPIEL

> Er steht auf einem Bein. Das zweite Bein ist nach vorne gestreckt und leicht abgewinkelt. Der Kopf ist leicht angehoben, der Blick starr geradeaus gerichtet. Die Hände und Arme sind zur Seite gestreckt.

Anleitungen zum Partnerturnen

VORBEREITUNG

Es stehen 15 Kärtchen mit Anleitungen für Partnerturnübungen zur Verfügung.

DURCHFÜHRUNG

Beide Partner lesen still die gezogene Anleitung. Nur wenn beide den Text gut durchgelesen und verstanden haben, kann die Übung richtig durchgeführt werden. Missverständnisse werden pantomimisch beseitigt. Kennt sich einer der beiden Turner nicht aus, hilft ihm der andere – jedoch ohne Worte. Er kann auch nochmals den Text zur Hand nehmen und seinen Partner mit einem Fingerzeig auf eine wichtige Textstelle aufmerksam machen.

TEXTBEISPIEL

> Setzt euch im Langsitz Rücken an Rücken! Die Kniekehlen sollen den Boden berühren. Die Arme werden mit dem Partner ineinander gehakt. Nun versuchen die beiden Partner gleichzeitig vom Boden hochzukommen, indem sie sich vom Boden mit den Füßen abstützen, ohne den Partner loszulassen und ohne den Rückenkontakt zu verlieren.

Hobbysammlung

VORBEREITUNG

Jeder Schüler erzählt im Gesprächskreis von einem Hobby, das er hat, oder das er gerne haben würde.

DURCHFÜHRUNG

Die Mitschüler suchen in der Schule und zu Hause nach Texten und Bildern in Zeitschriften, Lexika und Büchern, die sie dann dem Kollegen vorlesen oder schenken.

VARIANTE

Jeder Schüler macht es sich zur Aufgabe, im Laufe des Jahres für einen Mitschüler ein „Hobbybuch" mit dessen Hobby anzulegen, und es diesem zum Jahresende zu schenken. Das Buch kann Gedichte, eigene und fremde Texte, Fotos, Zeichnungen, Prospekte etc. enthalten.

Regieanweisungen

VORBEREITUNG

Einen Text suchen, der im Rollenspiel dargestellt werden soll. Den Text in dramatisierter Form aufschreiben.

DURCHFÜHRUNG

Die Spieler spielen den Text in dramatisierter Form.
Die Geschichte kann ein zweites Mal mit dem ursprünglichen Text und einem Erzähler gespielt werden.

TEXTBEISPIEL

Gerda malte gerade in ihrem Zimmer ein Bild. Das hatten sie heute als Hausübung auf. Gerda war froh, dass sie einmal nicht eine fade Mathematik- oder Deutschhausübung aufhatten.
Aber bald war es mit der seligen Ruhe vorbei. Karin, Gerdas kleine Schwester, kam herein. „Was malst denn du da für einen Blödsinn?", ätzte sie und griff nach dem halbfertigen Bild.
Da war es auch schon passiert: Das Malwasser ergoss sich über den Schreibtisch …

Gerda sitzt an ihrem Schreibtisch. Sie malt gerade ein Bild.
Ihr Gesicht wirkt zufrieden. Beim Malen summt sie vor sich hin. Manchmal hebt sie das Blatt auf und hält es zum Betrachten so vor sich, dass es auch für das Publikum sichtbar ist.
Gerda (vor sich hinmurmelnd): So eine Hausübung könnten wir öfter bekommen.
Die Tür wird aufgerissen. Karin erscheint. Sie bleibt vorerst unter der Tür stehen. Sie stellt sich auf die Zehenspitzen, um einen Blick auf den Schreibtisch werfen zu können. Dann macht sie einige Schritte auf den Schreibtisch zu. Sie stützt sich auf die Tischkante auf.
Gerda (giftig): Was willst denn du schon wieder?
(Sie versucht mit der linken Hand ihr Bild vor dem neugierigen Blick der Schwester zu verstecken.)
Karin (höhnisch): Was malst denn du da für einen Blödsinn?
(Sie ergreift Gerdas linke Hand, um diese wegzuschieben. Gerda reißt sich los. Dabei stößt Karin den Malbecher um.)

VARIANTE

Kasperltheatertexte und Kasperlfiguren stehen den Kindern zur Verfügung.

Klatschspiele mit Text

VORBEREITUNG

Alte Klatschreime wie z. B. „Scherenschleifen", Auszählreime oder selber erfundene Sprüche auf Kärtchen.

DURCHFÜHRUNG

Partnerweise werden zu den Sprüchen Klatschmuster erfunden.

Die Gartentür ist offen,
die Gartentür ist zu.
Ich habe dich getroffen,
wie heißt denn du?

> Ein Müller ist nicht blau,
> ein Esel ist nicht schlau,
> ein Ochse keine Kuh,
> und drauß bist du.

Ich bin ein armer Rabe
und alles, was ich habe,
ist eine dicke Laus.
Und du bist drauß.

> Auf einem Billi-Bolli-Berg,
> da wohnt ein Billi-Bolli-Zwerg
> mit seiner Frau Marei
> und du bist frei.

Una, due, tri,
die Hände auf die Knie,
das Maul bleibt zu,
und jetzt gibts Ruh.

> Oberpoppel-Hoppelhase
> hoppelt in dem Stoppelgrase
> hoppelt in das Hasenhaus,
> und du bist drauß.

Rollenspiel und Planspiel

VORBEREITUNG

Die Schüler lesen alle die Situationsbeschreibung und die Rollenbeschreibungen. Jeder Schüler erfindet noch eine Rollenbeschreibung dazu, unter dem Motto: „Wie wäre ich, wenn ich das vierte Kind in dieser Familie wäre?"
Einige Spieler melden sich für bestimmte Rollen in diesem Planspiel. Es können mehrere Gruppen gebildet werden.

DURCHFÜHRUNG

1. Verschwörungsphase: Die einzelnen Familienmitglieder versuchen bei Gesprächen unter vier Augen herauszufinden, wer ihrer Meinung ist. Sie versuchen Argumente für verschiedene Meinungen zu ergründen und versuchen sich gegenseitig zu beeinflussen.
Manchmal beschließen sie, sich gegen eine dritte Person zu verbünden.
2. Familienrat: Die Familie sitzt beim Küchentisch. Das Wohnungsproblem kommt zur Sprache. Verschiedene Vorschläge werden gemacht und diskutiert. Soll man in eine neue Wohnung ziehen oder gar ein Haus kaufen? Wer wäre bereit, beim Hausbau mitzuhelfen, usw.
3. Interviewphase: Ein Jahr später interviewt ein Meinungsforscher die Familie, wie es ihr jetzt geht.

VARIANTEN

Die Schüler versetzen die Familie Hauser nun in andere Situationen.
Es entstehen weitere Situationsbeschreibungen, z. B.:
- Situationsbeschreibung 2:
  Familie Hauser ist sich uneins, wo sie heuer den Urlaub verbringen soll.
- Situationsbeschreibung 3:
  Die Großmutter ist schwer erkrankt. Wird man sie in der Wohnung aufnehmen und pflegen?
- Situationsbeschreibung 4:
  Die Mutter möchte eine Arbeit als Schreibkraft in einem Büro annehmen.

Die Schüler erfinden andere Rollenbeschreibungen und versetzen die neu entstandenen Familien in die Situationsbeschreibungen 1 bis 4.

BEISPIEL

Situationsbeschreibung 1: Die neue Wohnung
Herr Hauser hat eine neue Arbeit bekommen. Er verdient jetzt mehr als früher. Die alte Wohnung ist billig, aber zu klein. Familie Hauser zahlt für 50 m² 3.000,–. Häufig kam es in letzter Zeit bei Familie Hauser zu Streitereien, weil die Familienmitglieder sich in der engen Wohnung gegenseitig auf die Nerven gingen.

Rollenkärtchen 1:
Sohn, 16 Jahre alt. Er muss mit dem kleinen Bruder gemeinsam ein kleines Zimmer bewohnen. Seine Freundin kommt manchmal zu Besuch.
Er raucht hin und wieder im Zimmer. Im Zimmer liegen häufig die Spielsachen des kleinen Bruders herum. Er behandelt den kleinen Bruder herablassend. Am Abend möchte er noch gerne im Zimmer Musik hören.

Rollenkärtchen 2:
Sohn, 9 Jahre alt. Er muss mit dem großen Bruder gemeinsam ein Zimmer teilen. Dieser möchte manchmal mit seiner Freundin alleine im Zimmer sein, Zigaretten rauchen und nachts Musik hören. Ständig regt sich der große Bruder über die Spielsachen auf, die im Zimmer herumliegen. Die Hausaufgaben muss der kleine Bruder am Küchentisch machen. Ständig wird er von allen Familienmitgliedern ermahnt. Er ist anscheinend allen lästig. Angeblich ist er frech.
Seine Freunde haben alle ein eigenes Zimmer.

Rollenkärtchen 3:
Die Mutter arbeitet im Haushalt. Sie hält alles sehr sauber.
Ständig ist sie mit dem Zusammenräumen und Putzen beschäftigt.
Sie kann fürchterlich schimpfen. Sie findet, dass ihre Söhne zu unordentlich sind. Leider kann sie selten ihre Freundinnen einladen, da es in der Wohnung so eng und laut ist. Manchmal schickt sie den jüngeren Sohn hinaus zum Spielen. Sie findet, dass ihr Mann bisher zu wenig verdient hat. In der Küche hat sie zu wenig Platz, um einen zusätzlichen Vorratsschrank unterzubringen. Sie ist eine sehr sparsame Frau. Wenn die Kinder einmal eine eigene Wohnung haben, wird genug Platz in der Wohnung sein.

Rollenkärtchen 4:
Der Vater ist ein ruhiger Mensch. Wenn er nach Hause kommt, ist er meist müde. Dann will er seine Ruhe haben. Er macht viele Überstunden. Er hat ein bisschen Geld gespart, das auf einem Sparkonto liegt. Beim Fernsehen schläft er meist ein. In die Erziehung der Kinder mischt er sich kaum ein. Am Sonntag geht er gerne lange in den Kegelklub. Seine Frau kann ihn manchmal sehr zornig machen, wenn sie ihn nicht ihn Ruhe lässt oder wenn sie meint, dass er bei der Kindererziehung versagt.

Rollenkärtchen 5:
Die Tochter ist bereits 20 Jahre alt. Sie ist nur selten zu Hause. Dann schläft sie auf der Couch im Wohnzimmer. Sie findet ihre Familie spießbürgerlich und deren Probleme nebensächlich.
Sie ist modern gekleidet und wird sich bald ein eigenes Auto und eine eigene Wohnung leisten können. Sie versteht sich besonders mit Papa gut.

Rollenkärtchen 6:
Die lustige Großmutter würde gerne bei der Familie wohnen.
Sie wohnt nicht weit entfernt in einem kleinen Zimmer, kommt aber oft zu Besuch. Sie hat viel Verständnis für die Kinder. Da sie eine gute Pension hat, macht sie gerne Geschenke. Sie kann es nicht leiden, wenn jemand übel gelaunt ist.

Kopiervorlage zu „Wer – Wo – Wann – Was – Wie" (Seite 9)

Bub	Wald	Frühling	schlafen	lustig
Mädchen	Wiese	Sommer	sitzen	traurig
Mann	Wasser	Herbst	stehen	furchtsam
Frau	Berg	Winter	gehen	tapfer
Tier	Haus	Monat	laufen	mutig
Pflanze	Stadt	Morgen	springen	glücklich
Gebäude	Dorf	Vormittag	sprechen	freundlich
Speise	Wüste	Mittag	lachen	müde
Kleidung	Feld	Nachmittag	weinen	feindselig
Gerät	Himmel	Nacht	rufen	zornig

Kopiervorlage zu „Ich-Du-Wir-Würfelspiel" (Seite 20)

Schüttle einem Mitspieler die Hand!	Sag deinem rechten Nachbarn etwas Nettes ins Ohr!	Erzähle einem Mitspieler viele schöne Dinge über einen anderen Mitspieler!
Klopfe einem Mitspieler freundschaftlich auf die Schulter!	Erzähle einem beliebigen Mitspieler, wo du mit ihm gerne gemeinsam Urlaub machen würdest!	Such dir einen Mitspieler aus, den du gerne rund um den Spieltisch tragen würdest!
Spiele mit einem Mitspieler eine besonders freundliche Begrüßung! Ihr habt euch schon lange nicht gesehen.	Zähle von jedem deiner Mitspieler eine gute Eigenschaft auf!	Spiele mit einem Mitspieler ein kurzes Rollenspiel: Du hast ihn beleidigt, und jetzt tust du alles, um ihn wieder zu versöhnen!
Kraule einem Mitspieler den Nacken!	Bestimme einen Mitspieler, der von einem beliebigen Aktionsfeld für dich ein Kärtchen aussuchen darf!	Spiele mit einem Mitspieler ein kurzes Rollenspiel: Er ist traurig und du versuchst herauszufinden warum, um ihn trösten zu können
Setz dich vorsichtig auf den Schoß des linken Nachbarn und lass dich eine Minute lang schaukeln!	Teile deinem Nachbarn mit, was du ihm schenken würdest, wenn du sehr viel Geld hättest!	Wähle einen Mitspieler aus, mit dem du gemeinsam einen dritten Spieler eine Runde im Raum tragen möchtest!
Massiere einem von dir ausgewählten Mitschüler sanft den Rücken!	Suche im Raum einen Gegenstand, den dein rechter Mitspieler während des Spiels gerne neben sich als Ziergegenstand stehen hätte!	Umarme alle Mitspieler sanft, aber herzlich!

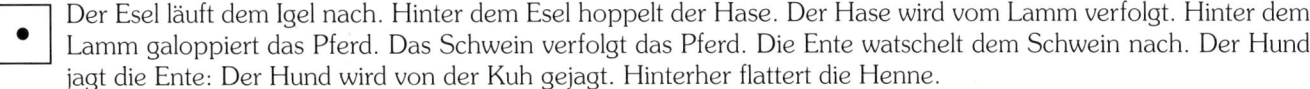

TIERJAGD

Der Esel läuft dem Igel nach. Hinter dem Esel hoppelt der Hase. Der Hase wird vom Lamm verfolgt. Hinter dem Lamm galoppiert das Pferd. Das Schwein verfolgt das Pferd. Die Ente watschelt dem Schwein nach. Der Hund jagt die Ente: Der Hund wird von der Kuh gejagt. Hinterher flattert die Henne.

Ganz vorne läuft das Schaf. Dahinter kommt die Henne. Das Schwein verfolgt die Henne. Hinter dem Schwein rennt die Kuh. Der Hund läuft der Kuh nach. Das Pferd ist hinter dem Hund her. Die Ente watschelt hinter dem Pferd. Der Hase jagt die Ente. Der Esel ist der Vorletzte. Der Igel kommt zum Schluss.

TIERFOTO

In der vorderen Reihe steht ganz links das Pferd. Daneben steht der Igel. Die Ente lehnt sich an den Igel an. Die Kuh stößt mit den Hörnern die Ente. Der Esel schnüffelt beim Schwanz der Kuh. Die Henne sitzt am Rücken des Esels.
In der hinteren Reihe hinter dem Pferd steht das Schaf.
Neben dem Schaf, hinter dem Igel hat sich das Schwein versteckt. Der Hund schaut über den Kopf der Kuh.
Der Hase liegt im Gras hinter dem Esel und der Kuh und schaut unter dem Kopf des Esels durch.

Ganz rechts, vorne steht der Hund.
Das Pferd stützt seinen Kopf auf den Rücken des Hundes.
Neben dem Hund hockt der Hase. Der Esel hat die Vorderhufe auf dem Rücken des Hasen.
In der Mitte des Fotos sieht man die Henne auf der Ente. Neben der Ente ist der Igel, die Kuh stützt sich auf dem Igel auf. Ganz links im Bild ist das Schwein und dahinter das Schaf.

BREMER STADTMUSIKANTEN

Ganz unten steht das Pferd. Darauf steht die Kuh. Auf dem Rücken der Kuh steht der Hase. Auf den Ohren des Hasen sitzt das Ferkel.
Ganz oben hinauf ist die Henne geflattert.
In der zweiten Tiergruppe ist der Hund ganz oben. Darunter steht das Schaf. Das Schaf sitzt auf der Ente. Unter der Ente steht der Esel. Dieser steht auf dem Igel.

Der erste Tierturm besteht aus Esel, Schwein und Hase, wobei der Hase in der Mitte ist und der Esel ganz unten. Der zweite Tierturm hat 3 Tiere: Hund, Schaf, Kuh. Die Kuh ist oben, der Hund ist ganz unten.
Der dritte Tierturm besteht aus Esel, Igel, Henne, Ente.
Der Igel ist auf den Rücken des Esels geklettert, der Igel hat auf seinem Rücken die Ente, die Henne schaut von ganz oben herab.

Kopiervorlage zu „Plakate" (Seite 51)

1. Merke dir mindestens drei Produkte, für die auf Plakatwänden geworben wird!

2. Suche dir unter den Veranstaltungsplakaten eine Veranstaltung aus, die du gerne besuchen würdest!

3. Was ist die Aussage von Plakaten politischer Parteien?

4. Berichte von einem Wahlplakat, dessen Text dir unklar ist!

5. Berichte von einem Plakat, auf dem deiner Meinung nach Bild und Text nicht zusammenpassen!

6. Welche Veranstaltungsplakate sind nicht mehr aktuell?

7. Welche Aussagen auf Plakaten politischer Parteien erscheinen dir nicht glaubwürdig?

8. Stelle fest, welche Art von Produkten besonders oft auf Werbeplakaten zu sehen ist!

9. Welches Plakat kannst du aus der größten Entfernung noch lesen?

10. Welche Plakate erscheinen dir unübersichtlich gestaltet?

11. Welche Schriftarten sind leicht, welche sind schwer lesbar?

12. Bei welchen Plakaten ist die Schrift klar angeordnet?

13. Welche Plakattexte kennst du bereits aus anderen Medien?

14. Welchen Plakattext hast du dir sofort gemerkt?

15. Welches Plakat gefällt dir am besten?

16. Welche Plakate wenden sich eindeutig an Männer/Frauen/Kinder?

Kopiervorlage zu „Hinweisschilder" (Seite 54)

Golfplatz	Flughafen
Volksschule	Spielplatz
Museum	Strand
Gemeindeamt	Kirche
Aussichtsturm	Burgruine
Fußballplatz	Hotel
Gendarmerie	Kindergarten
Parkplatz	Fitnessweg

ROLLENKARTEN

Kind	Wirt
Großmutter	Bürgermeister
Opa	Ausländer
Polizist	Sportler
Direktor	Bauer

EIGENSCHAFTSKARTEN

eigensinnig	eingebildet
eifrig	ängstlich
langsam	frech
faul	müde
freundlich	schwerhörig
grantig	gebrechlich
traurig	verträumt
lustig	vergesslich

ABSICHTSKARTEN

Ich will nach Afrika fliegen!

Ich will ins Museum!

Ich will auf den Aussichtsturm!

Ich will Fußball spielen!

Ich will schwimmen gehen!

Ich suche ein Zimmer!

Ich will Golf spielen!

Ich muss eine Anzeige machen!

Ich möchte mit dem Lehrer sprechen!

Ich möchte zum Gottesdienst!

Ich möchte mein Auto abstellen!

Ich muss den Bürgermeister sprechen!

Ich möchte spielen!

Ich muss mein Kind abholen!

Ich möchte die Ruine fotografieren!

BESCHREIBUNGSKARTEN FÜR SYMBOLSCHILDER

Auf dem Schild ist ein Auto abgebildet.

Auf dem Schild sieht man eine Gabel und ein Messer gekreuzt.

Auf dem Schild ist eine brennende Zigarette abgebildet.

Ich sehe auf dem Schild ein weißes Viereck mit einem Pfeil, der nach außen zeigt.

Ich sehe auf dem Schild jemanden auf einem Stuhl sitzen. Daneben steht ein Koffer, an der Wand hängt eine Uhr.

Auf diesem Schild sind ein Hut, ein Schirm und eine Geldtasche abgebildet.

Ich sehe auf diesem Schild ein I mit I-Punkt im weißen Kreis.

Kopiervorlage zu „Hinweisschilder" (Seite 54)

   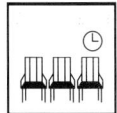

Kopiervorlage zu „Packlisten" (Seite 56)

KRIMINALKOFFER

(Spurensicherungskoffer)
Folien für die Sicherung von Spuren
Einstaubpulver zum Sichtbarmachen
Pinsel
Fotoausrüstung
Lupe
Pinzetten
Schere
Spurenkreide
Maßband
Zollstab
Glas- und Kunststoffbehälter
Isolier- und Klebeband
Schraubenzieher
Kombizange
Chemische Präparate für Diebsfallen

VERBANDKASTEN

Mindestinhalt eines Verbandkastens nach
ÖNORM Z 1020 für Bereiche bis ca. 5 Personen

Gegenstand	Stückzahl/Länge
Verbandpäckchen Größe 3, steril, einzeln staubdicht verpackt, mit nicht auf der Wunde klebender Wundauflage	1
Verbandpäckchen Größe 4, steril, einzeln staubdicht verpackt, mit nicht auf der Wunde klebender Wundauflage	2
Pflasterschnellverband, 6 cm breit	0,25 m
Pflasterstrips, 6 x 2 cm	5
sterile, einzeln verpackte Kompressen, ca. 10 cm x 10 cm, mit nicht auf der Wunde klebender Wundauflage	6
Mullbinden, elastisch, 8 cm x 4 m, einzeln staubdicht verpackt	2
Mullbinden, elastisch 10 cm x 4 m, einzeln staubdicht verpackt	3
elastische Binden, 8 cm x 5 m	1
Spulenpflaster, 2,5 cm x 5 m, in Schutzhülle	1
Dreiecktücher, metallisiert oder gleichwertiges, 90 x 90 x 127 cm	1
Dreiecktücher aus Stoff (mindestens 33fädig), 90 x 90 x 127 cm	1
Einmalhandschuhe (Latex, Vinyl, unsteril)	4
Sicherheitsnadeln, mindestens Größe 2	6
Schere nach Liste, ca. 14,5 cm, rostfrei	1
Rettungsdecke, silber/silber oder silber/gold, mindestens 140 x 220 cm	1
Anleitung „Erste Hilfe"	1
Inhaltsverzeichnis	1

PACKLISTEN

Schullandwoche
2 Leintücher
1 Polsterbezug
Hausschuhe
Spiele
Bücher
Wanderschuhe
Regenschutz
Kurze und lange Hosen
Warmer Pullover
Turnschuhe
Gummistiefel
2 Handtücher
Toiletteartikel
Sonnenschutz
Taschenmesser
Jause für 1 Tag
Schreibzeug

Handarbeitskoffer
Stecknadeln
Nähnadeln
Stricknadeln
Häkelnadel
Webnadel
Webrahmen
Fingerhut
Wolle
Garn
Bast
Filz
Stoffstreifen
Leinen
Webe
Zwirn
Spagat
Stoffmalfarben
Schere

Frankreich zwischen Mittelmeer und Atlantik

9. - 18. Juni 1995

Südwestfrankreich mit den ehemaligen Herzogtümern Aquitanien und Gascogne sowie der Region Languedoc wird beherrscht von grünen Ebenen, sanftem Hügelland, der Berglandschaft der Pyrenäen, den Küsten des Atlantiks und anmutigen Flußlandschaften. Von der alten Kultur des Landes zeugen Kirchen, Klöster und mittelalterliche Städte wie Carcassone und La Rochelle. Im berühmten Wallfahrtsort LOURDES verweilen wir 2 Nächte.

1.TAG: Fahrt über Salzburg - Innsbruck - Bozen - Verona - Piacenza - Alassio.

2.TAG: Weiter auf der aussichtsreichen Küstenautobahn vorbei an San Remo - Nizza - durch die Provence nach Arles - Nimes - Montpellier.

3.TAG: Fahrt zum malerischen Mittelmeerhafen Sete, dann vorbei an Narbonne nach Carcassone: Rundgang durch die einzigartige mittelalterliche Stadtburg »La Cité« und weiter nach Lourdes: Spaziergang zu den Pilgerstätten, abends Gelegenheit zur Teilnahme an der Lichterprozession. Zwei Übernachtungen.

4.TAG: Aufenthalt in Lourdes mit Besichtigung des Geburtshauses der Hl. Bernadette, der Mühle, des Cachot, des Museums, des Rosenkranzplatzes und der unterirdischen Basilika des Papstes Pius X. Nachmittags Ausflug in die großartige Gebirgswelt der Pyrenäen.

5.TAG: Fahrt nach Biarritz. Aufenthalt in dem legendären Seebad an der Atlantikküste, wo sich seit Napoleon III die High Society trifft. Weiterreise nach Bordeaux: reiche Handelsstadt, Hauptstadt des Weines. Besichtigung von Börsenplatz, Altstadt, Kirche St. Croix. Zwei Übernachtungen.

6.TAG: Durch die Weinbaugebiete nach St. Emilion, einem der hübschesten Weinstädtchen Frankreichs mit Glockenturm, und unterirdischer Kirche. Besichtigung und Mittagspause mit Weinkost.

Nachmittags Ausflug an die Côte d´Argent mit Besichtigung von Arcachon und der Düne von Pilat, der höchsten Düne Europas.

7.TAG: Fahrt über Anguoleme nach Cognac: weltbekannt durch die Cognacbrennereien am Charenteufer und Geburtsort des französischen Königs Franz I. Besichtigung des Schlosses und einer Weinbrandbrennerei. Dann Rundgang in der mittelalterlichen Stadt Saintes. Zwei Übernachtungen in La Rochelle.

8.TAG: Besichtigung von La Rochelle: reizvolle Stadt am Atlantik mit mächtigen Wachttürmen, dem größten Yachthafen Europas und pittoresken Fassaden, die der Stadt ein fast südländisches Flair verleihen. Bootsfahrt zur Insel Ré (Leuchtturm, Salzgärten, Austernbänke; Bademöglichkeit im Atlantik).

9.TAG: Zunächst nach Poitiers: Kunststadt mit bedeutenden Kirchenbauten: Besichtigung. Dann vorbei an Tours und Orleans nach Reims.

10.TAG: Heimreise auf der Autobahn über Metz - Saarbrücken - Heilbronn - Nürnberg - Regensburg nach Oberösterreich.

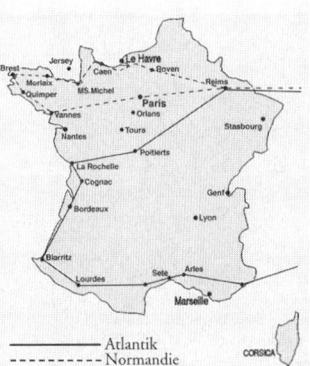

—— Atlantik
- - - - Normandie

Liebliches Irland

1. - 8. August 1995

Eine umfassende Besichtigungsreise durch die Republik Irland, auf einer grünen Trauminsel! Diese Route erschließt alle Regionen der Republik Irland mit den kulturellen Höhepunkten und der ganzen Vielfalt seiner Landschaft. Durch die rasche An- und Rückreise im Flugzeug ist dieses reichhaltige Besichtigungsprogramm in nur 8 Tagen möglich.

1.TAG: Fahrt zum Flughafen München, Linienflug nach Dublin. Hier erwartet Sie unser Luxusbus. Besichtigung von Dublin, Geburtsstadt von James Joyce mit der Bank von Irland, dem Trinity College, Irlands ältester Universität, mit dem berühmten Book of Kells, St. Patricks Kathedrale, Spaziergang über den Merrion-Square mit schönen viktorianischen Häusern und den berühmten »Türen von Dublin«. Fahrt zum Hotel im Raum Dublin.

2.TAG: Fahrt nach Monasterboice, wo wir zwei Hochkreuze aus dem 10. Jhdt. besichtigen. Weiter nach Newgrange mit einer eindrucksvollen keltischen Begräbnis-

stätte. Dann durch eine weite Wiesenlandschaft über Navan und Mullingar in die Grafschaft Longford, ein stilles Land der Farmen und der Moore im Herzen Irlands. Anschließend in den abgeschiedenen Norden Irlands in die Grafschaft Donegal, in ein Bergland am Meer, wo der Ginster blüht und die schwarzköpfigen Schafe weiden.

3.TAG: Fahrt in die Grafschaft Mayo, das Land der Torfstecher mit ihren einsamen Mooren und ihren Geheimnissen. Vorbei an Castlebar nach Westport - weiter zum Croagh Patrick, dem Berg des heiligen Patricks, der Berg, der direkt aus dem Meer emporzusteigen scheint. Dann erreichen wir

Connemara mit dem gleichnamigen Nationalpark, mit seinen schwarzen Moorgründen und dem blühenden Heidekraut. Wir erleben die Landschaft der Twelve Bens, zwölf Berge, die einzeln stehen und eine phantastische Kulisse zaubern. Am Lough Corrib entlang erreichen wir Galway und Lisdoonvarna in der eigenartigen Karstlandschaft des Burren, wo wir zweimal übernachten.

4.TAG: An der Bucht von Galway die Küste entlang, zu den berühmten Cliffs of Moher, der höchsten Steilküste Europas. Anschließend nach Limerick und durch den ehemaligen Besitz des Grafen von Dunraven nach Adare, das mit seinen reetgedeckten Häusern zu den schönsten Dörfern Irlands gehört.

5.TAG: Fahrt in das altertümliche Bischofstädtchen Ennis, Spaziergang durch die engen Gassen zu den Ruinen des Franziskanerklosters. Weiter nach Tralee und Killarney, in lieblicher Seenlandschaft gelegen, wo durch die Wärme des Golfstroms Kastanienbäume, Zedern und riesige Farne prächtig gedeihen. Besichtigung von Muckross-House and Gardens. Zwei Übernachtungen in Killarney.

6.TAG: Ring of Kerry - ein weiterer Höhepunkt unserer Irland-Reise. Wir fahren den Ring of Kerry entlang, eine der schönsten Küstenstraßen der Welt und sehen die Gipfel eines versunkenen Gebirges aus dem Meer ragen. Unterwegs halten wir in reizvollen irischen Dörfern.

7.TAG: Fahrt zum irischen Nationalheiligtum Rock of Cashel. Dramatisch wie eine Theaterkulisse steht auf einem steilen

Felsen eine Burg mit Kirchen, Türmen und Kapellen. Besichtigung. Dann weiter zur frühmittelalterlichen Klosteranlage von Glendalough mit Kathedrale, Kirchenruine und Rundtürmen.Übernachtung in Dublin.

8.TAG: Vormittags Freizeit in Dublin, Mittags Transfer zum Flughafen und Linienflug nach München, Bustransfer nach Oberösterreich.

Ihr Buchungstelefon:

Linz: 0732 / 70 05 11
St. Agatha: 07277 / 82 62-0

LEISTUNGEN: Alles Bestens!

Flughafentransfers, Linienflug München - Dublin - München, Luxusbusreise, Halbpension, Reiseleitung.

Preis:	S 15.800,-
FRÜHBUCHERPREIS:	S 15.400,-
Einzelzimmer:	S 1.800,-

Kopiervorlage zu „Verkehrszeichen" (Seite 58)

Wichtige Verkehrszeichen

Fahrverbot
– in beiden Richtungen
Auch Radfahrer dürfen
hier nicht fahren.
Das Schieben des Rades ist erlaubt.

Fahrverbot für Fahrräder
Hier darf ich nicht fahren.
Das Schieben des Fahrrades
ist aber erlaubt.

Geh- und Radweg
Einen Geh- und Radweg muss
ich benützen. Ich achte auf Fußgänger.

Einbiegen nach links verboten
Das Einbiegen nach links ist für alle
Fahrzeuge verboten.

Vorgeschriebene Fahrtrichtung
Ich darf nur in die Richtung
der Pfeilspitzen fahren.

Wartepflicht für Gegenverkehr
Der Gegenverkehr muss warten –
trotzdem Vorsicht!

Kennzeichnung eines Schutzweges
Ich darf Fußgänger nicht behindern
und gefährden.

Kinder
Hier muss ich besonders
auf Kinder achten.

Einfahrt verboten
In diese Straße darf ich nicht
hineinfahren.

Autostraße, Autobahn
Hier darf ich als Radfahrer
nicht fahren.

Wartepflicht bei Gegenverkehr
Ich muss den Gegenverkehr vorbeilassen.

Achtung Gegenverkehr
Ich muss mit Gegenverkehr rechnen.

Fußgängerübergang
Ich nähere mich einem Zebrastreifen

Einbahnstraße
Ich darf nur in Pfeilrichtung fahren.

Andreaskreuz
Dieses Zeichen steht direkt
am Bahnübergang.

Kopiervorlage zu „Verkehrszeichen" (Seite 58)

Kreuzung mit Straße ohne Vorrang
Ich nähere mich einer Kreuzung,
an der ich Vorrang habe.

Wohnstraße
Ich muss langsam fahren
und besonders auf spielende
Kinder und Fußgänger achten.

Vorrang geben
Ich muss die anderen vorbeilassen.

Kreuzung
Ich nähere mich einer Kreuzung
und muss auf den Vorrang achten.

Zusatztafel
Die dicke Linie zeigt den Verlauf
der Vorrangstraße.

Vorrangstraße

Gefährliche Kurve
Ich nähere mich einer gefährlichen
Linkskurve.

Halt
Ich muss stehen bleiben
und alle anderen vorbeilassen.

Querrinne oder Aufwölbung
Ich muss mit Unebenheiten und
Fahrbahnschäden rechnen.

Ende der Vorrangstraße

Radweg
Ich muss ihn benützen.

Kennzeichnung einer Radfahrerüberfahrt
Hier überqueren Radfahrer die Fahrbahn.

Radfahrerüberfahrt
Dieses Zeichen kündigt eine
Radfahrerüberfahrt an.

Fahrbahnverengung

Gefährliches Gefälle
Es geht steil bergab.
Ich benütze beide Bremsen.

Andere Gefahren
Dieses Zeichen warnt vor Gefahren,
für die es kein eigenes
Verkehrszeichen gibt.

Baustelle
Ich muss mit Behinderungen rechnen
und fahre langsam.

Fußgängerzone
Radfahrer dürfen hier nicht fahren,
aber ihr Fahrrad schieben.

Kopiervorlage zu „Reisebeobachtungen" (Seite 59)

○ Vor einem geschlossenen Bahnschranken wartet ein Auto.

○ Fußgänger gehen über eine Überführung.

○ Kühe weiden links von der Straße.

○ Ein Boot liegt vor Anker.

○ Auf einem Hügel steht eine Burg.

○ Eine Fahne weht im Wind.

○ Radfahrer sind auf dem Radweg unterwegs.

○ Ein Flugzeug hinterlässt einen Kondensstreifen.

○ Ein LKW fährt hinter dem anderen her.

○ Vom Balkon aus beobachten Kinder den Verkehr.

○ Jemand sitzt auf einer Parkbank.

○ Ein Hund wird an der Leine geführt.

○ Ein Arbeiter trägt eine schwere Last.

○ Ein Bagger gräbt.

○ Wir fahren durch eine Allee.

○ Eine alte Frau will über die Straße.

○ Ein Bach fließt unter der Straße durch.

○ Ein Traktor zieht einen Anhänger.

○ Ein Kind weint.

○ In der Auslage sind Sportgeräte.

○ Ich beobachte Menschen beim Sport.

○ Eine schwarze Katze läuft über die Straße.

○ Ein Autobus steht an der Haltestelle.

Kopiervorlage zu „Hausordnung" (Seite 63)

Hausordnung

1. Der Mieter ist verpflichtet, den Mietgegenstand und das mit-gemietete Zubehör (z. B. Dachboden- und Kellerabteil) stets rein und in gutem Zustand zu erhalten.

2. Die Reinigung des Vor- und Stiegenhauses und der sonstigen allgemeinen Teile des Hauses obliegt dem Hausbesorger. Wenn ein solcher nicht vorhanden ist, gelten die jeweiligen Vereinbarungen über die turnusmäßige Durchführung dieser Reinigungsarbeiten durch die Mieter.
   Der Boden unterhalb seines Fußabstreifers ist vom Mieter zu reinigen.
   Im Vor- und Stiegenhaus und in sonstigen allgemeinen Teilen des Hauses dürfen keinerlei Gegenstände abgestellt werden.

3. Der Mieter hat den Mietgegenstand, das mitgemietete Zubehör und die mitbenützten allgemeinen Teile des Hauses schonend zu behandeln.
   Bei Auftreten von Ungeziefer oder Ratten hat der Mieter in sei-nem Mietgegenstand auf eigene Kosten die Entfernung zu veranlassen.
   Klosette und Wasserentnahmestellen sind stets rein zu halten und vor Frost zu schützen.

4. Abfälle sind in den Mülltonnen zu deponieren (Asche nur im abgekühlten Zustand, sperrige Güter nur in zerkleinerter Form).

5. Brennmaterial darf nur in den hiefür vorgesehenen Kellerab-teilen und Holzlagen gelagert werden.
   Nach Lieferung von Brennmaterial hat der Mieter den Geh-steig, die Einfahrt und die betroffenen Teile des Vor- und Stie-genhauses einer besonderen Reinigung zu unterziehen.
   Bei Lagerung von Heizöl ist auf die jeweils geltenden feuer-polizeilichen Vorschriften Bedacht zu nehmen. Geruchsent-wicklung und Verunreinigungen durch Heizöl sind zu vermei-den.
   Leicht entzündliche Stoffe dürfen am Dachboden nicht abge-lagert weden.

6. Teppiche, Polstermöbel, Matratzen und dergleichen sind im Hof an dem sonst hiefür bestimmten Platz zu klopfen, und zwar nur zu folgenden Zeiten: ....
   Staubtücher dürfen nur durch die hofseitig gelegenen Stie-genhausfenster und durch kein anderes Fenster ausgestaubt werden.
   Das Ausbürsten von Kleidern und dergleichen und das Put-zen von Schuhen ist im Vor- und Stiegenhaus untersagt.

7. Öfen und sonstige Heizgeräte sind vom Mieter entsprechend vorschriftsmäßig anzubringen.
   Der Rauchfangkehrer hat jederzeit Zutritt zum Mietgegen-stand und dem mitgemieteten Zubehör und darf bei Ausü-bung seiner Tätigkeit nicht behindert werden.

8. Bei Benützung der Waschküche und der zum Trocknen der Wäsche vorgesehenen Plätze oder Räume ist auf die im Hau-se bestehende Waschordnung Bedacht zu nehmen. Nach Benützung der Waschküche und der Trockenräume bzw. -plätze sind dieselben im gereinigten und ordentlichen Zustand zu hinterlassen.
   Mangels anderweitiger Vereinbarung ist das Waschen von Wäsche in der Wohnung untersagt. Das Aufhängen von Wäsche in der Wohnung, an den Fenstern oder an sonstigen hiefür nicht vorgesehenen Plätzen ist untersagt, ebenso das Waschen und Aufhängen von Wäsche für hausfremde Perso-nen.
   Bei der Wasserentnahme und bei der Benützung der Beleuch-tung der allgemeinen Teile des Hauses ist auf größtmögliche Sparsamkeit zu achten.
   Das Haustor ist zu den nachstehend angeführten Zeiten ver-sperrt zu halten: vom 1. Oktober bis 30. April von .... bis ...., vom 1. Mai bis 30. September von .... bis ...., an Sonn- und Feiertagen von .... bis ....

9. Jeder Mieter und jeder Hausbewohner hat für größtmögliche Ruhe, insbesondere zur Nachtzeit, Sorge zu tragen.

10. Änderungen am Mietgegenstand bedürfen der ausdrückli-chen, schriftlichen Genehmigung des Vermieters. Bei Been-digung des Mietverhältnisses hat der Mieter nach Wahl des Vermieters entweder auf seine Kosten den früheren Zustand wieder herzustellen oder die vorgenommenen Änderungen kostenlos zu belassen.
    Bei Anbringung einer Fernsehantenne ist vorher die Zustim-mung des Vermieters (Hausverwalters) einzuholen, ebenso bei Anbringung von Schildern und dergleichen. Die Vornah-me von Änderungen im Bereich der allgemeinen Teile des Hauses sind dem Mieter untersagt.

11. Der Vermieter (Hausverwalter) ist berechtigt, die gemieteten Räume nach einer zwei Tage vorher vorgenommenen Ankün-digung, in dringenden Fällen unverzüglich, zu besichtigen.

12. Der Mietgegenstand darf nur zu dem Zweck verwendet wer-den, zu dem er gemietet wurde.

13. Die Aufnahme von Untermietern oder Schlafgehern ist dem Mieter nur mit ausdrücklicher, schriftlicher Genehmigung des Vermieters (Hausverwalters) gestattet.

14. Tiere dürfen nur mit ausdrücklicher, schriftlicher Genehmi-gung des Vermieters (Hausverwalters) gehalten werden.

15. Der Mieter haftet nicht nur für die von ihm verursachten Schä-den, sondern auch für Handlungen seiner Haushaltsan-gehörigen, Untermieter, Bediensteten und dergleichen. Schä-den, die durch das Überlaufen von Wasser oder Abwasser entstehen, sind vom Mieter unverzüglich auf eigene Kosten fachmännisch beheben zu lassen.
    Ernste Schäden des Hauses hat der Mieter dem Vermieter (Hausverwalter) unverzüglich anzuzeigen.

16. Bei Räumung des Mietgegenstandes hat der Mieter diesen unter Berücksichtigung der normalen Abnützung in dem Zustand zu übergeben, in dem er ihn übernommen hat, wenn nicht darüber hinaus Vereinbarungen getroffen wurden. Sämt-liche übergebenen oder selbst beschafften Schlüssel sind dem Vermieter (Hausverwalter) zurückzustellen.

17. Die Einhaltung dieser Hausordnung wird vom Vermieter (Hauseigentümer und vom Hausverwalter, aber auch vom Hausbesorger) überwacht. Beschwerden sind schriftlich an den Vermieter bzw. den Hausverwalter zu richten.

Kopiervorlage zu „Hausordnung" (Seite 63)

Schulordnung
für die Volksschule

1. Alle Schüler haben die Schulordnung einzuhalten und die Anordnungen der Schule zu befolgen.
2. Die Schüler sollen sich untereinander freundlich und liebevoll benehmen, gegeneinander Nachsicht üben, Beleidigungen nicht selbst rächen und sich gegenseitig durch Wort und Beispiel zum Guten ermuntern.
3. Im Schulort und besonders im Schulhause haben die Schüler jeden Erwachsenen zu grüßen.
4. Wildes Laufen und unnötiges Lärmen im Schulhause ist verboten.
5. Der Verlust von Gegenständen ist dem Klassenlehrer sofort zu melden, gefundene Dinge sind an denselben abzugeben. Für den Unterricht nicht benötigte Dinge dürfen die Schüler nicht mitbringen.
6. Schüler, die die Unwahrheit reden oder etwas entwenden, werden streng bestraft.
7. Der Besuch von Gasthäusern oder Tanzunterhaltungen ohne Begleitung der Eltern oder Erziehungsberechtigten, das Tabakrauchen und das Trinken von alkoholischen Getränken ist allen Schülern untersagt.
8. Schüler, die an einer ansteckenden Krankheit leiden oder in deren Wohnhaus eine solche herrscht, sind vom Schulbesuch ausgeschlossen. Nähere Auskünfte hierüber erteilen die Klassenlehrer.
9. Das Haustor wird 15 Minuten vor Unterrichtsbeginn geöffnet. Die Schüler treten paarweise an und werden vom Schulwart eingelassen. Alle Schüler sind verpflichtet, rechtzeitig zu erscheinen. Nach dem Unterricht haben die Schüler auf kürzestem Wege nach Hause zu gehen.
10. Das Betreten der Klassenräume mit Straßenschuhen ist nicht gestattet. Schuhe, Stiefel und Mäntel sind in der Ganggarderobe abzustellen und abzulegen. Um Verwechslungen zu vermeiden, müssen Schuhe, Stiefel und Turnkleidung gekennzeichnet sein.
11. Im Klassenzimmer haben die Schüler die ihnen zugewiesenen Plätze einzunehmen; ein eigenmächtiges Wechseln der Plätze ist nicht erlaubt.
12. Jede Beschädigung oder Verunreinigung der Schulräumlichkeiten, Geräte, Schulmöbel, Lehr- und Lernmittel hat zu unterbleiben. Für entstandene Schäden haben die Eltern bzw. Erziehungsberechtigten Schadenersatz zu leisten.
13. Alle Schüler sind verpflichtet, gewaschen, gekämmt und reinlich gekleidet in der Schule zu erscheinen. Schriftliche Arbeiten haben die Schüler gewissenhaft und sauber auszuführen. Auch die Schulsachen sind stets in Ordnung zu halten.
14. Tritt der Klassenlehrer oder eine andere Person in das Klassenzimmer oder aus demselben, so haben die Schüler aufzustehen und laut zu grüßen.
15. Während des Schulgebetes ankommende Schüler haben bis zur Beendigung desselben vor der Türe zu warten, dann einzutreten und dem Klassenlehrer die Ursache ihres Zuspätkommens zu melden.
16. Zum Besuch des Abortes ist die Zeit vor dem Unterricht und während der Pause vorgesehen.
17. Während der Unterrichtszeit haben die Schüler ihre ganze Aufmerksamkeit dem Unterrichte zuzuwenden und alles, was nicht mit diesem zusammenhängt, zu unterlassen.

Kopiervorlage zu „Geheime Zeichen" (Seite 71)

alle		er		sind	
allein		fort		über	
als		für		und	
also		gegen		uns	
auf		hatte		unter	
aus		her		voll	
bis		hin		vom	
da		ich		von	
das		in		vor	
deine		keine		wenn	
dem		meine		wieder	
den		nicht		wir	
der		noch		wo	
die		ohne		zu	
doch		Schilling		zum	
durch		seine		zusammen	
ein		selbst		zwischen	
eine		sie			

Kopiervorlage zu „Geheime Zeichen“ (Seite 71)

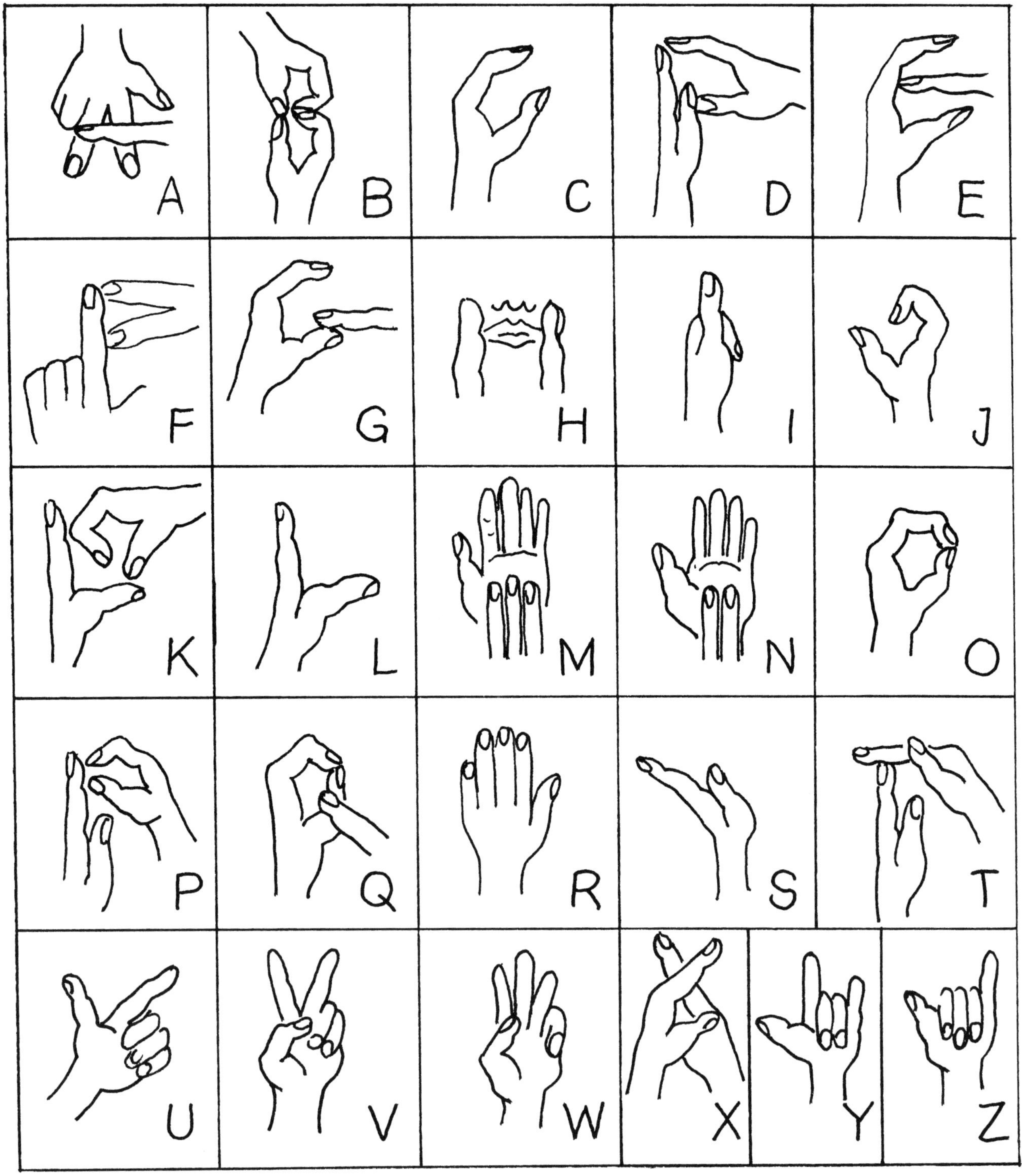

Kopiervorlage zu Spiel „Geheime Zeichen" (Seite 71)

Zelt	Straße, Weg	Baum	Weißer
Lager	Fluss	Wald	Weiße
zerstörtes Lager	Mond	Indianer	alter Mann
Lagerfeuer	Sonne	Indianerin	reden
Küche	Morgen	Freundschaft	Gespräch
Tanz um das Feuer	Mittag	sehen	Rat halten
nichts tun	Abend	essen	traurig sein
Kanu	Regen	froh sein	Frieden
Kanu mit 6 Leuten	Nacht	der große Geist	tot
gehen	Pferde-spur	kämpfen, Krieg	Freundschaft

Quelle: Indianerkartei, Unterrichtsmaterial zum Buch von Ursula Wölfel „Fliegender Stern", Pädagogik-Kooperative Bremen

Kopiervorlage zu „Bauernregeln"

Kommt der Mann im Rausch nach Haus,
bricht ein Donnerwetter aus.

Wenn eine Amsel im Haus,
so bleibt der Blitz daraus.

Kriechen die Eichhörnchen bald zu Nest,
wird der Winter hart und fest.

Wenn die Drossel schreit, ist der Lenz nicht weit.

Wird es kalt, kommt der Winter bald.

Ist die Frau mal nicht munter,
geht's bald drüber und drunter.

Wenn die Gänse stehn auf einem Fuß,
dann kommt bald ein Regenguss.

Das gute Wetter reißt bald aus,
wenn früh rumort und pfeift die Maus.

Springende Fische bringen Gewitterfrische.

Fällt am Faschingsmontag Schnee,
rufen die Apfelbäum juchhe.

Mag der Rauch nicht aus dem Schornstein wallen,
dann wird der Regen aus den Wolken fallen.

Wenn am Dach hängen gefrorene Spitzen, dann
ist gut beim Ofen sitzen.

Frösche auf Stegen und Wegen deuten auf baldi-
gen Regen.

Glücklich ist, wer vergisst, was nicht mehr zu
ändern ist.

Stellt sich im April Regen ein, so hat man keinen
Sonnenschein.

Literatur zum Weiterlesen

Bamberger, Richard: Lese-Erziehung. (Pädagogik der Gegenwart, Bd. 903). Wien: Jugend & Volk 1973.

Bettelheim, Bruno: Kinder brauchen Bücher. Lesenlernen durch Faszination. Stuttgart: dtv ²1993.

Bettelheim, Bruno: Kinder brauchen Märchen. Stuttgart: dtv 1977.

Buchner, Christina: Neues Lesen Neues Lernen. Vom Lesefrust zur Leselust. Bruno Martin ²1993.

Conrady, Peter: Zum Lesen verlocken. Klassenlektüre für die Klassen 1–4. Würzburg: Arena Taschenbuch, 2. überarb. Aufl. 1987.

Doderer, Klaus; Müller, Helmut: Das Bilderbuch. Weinheim: Beltz 1973.

Gärtner, Hans: Duden Schülerhilfen: Lesespiele. Mannheim: Dudenverl. 1986.

Grünewald, Dietrich: Vom Umgang mit Comics. Berlin: Volk u. Wissen 1991.

Haas, Gerhard (Hrsg.): Kinder- und Jugendliteratur. Zur Typologie und Funktion einer literarischen Gattung. Stuttgart: Reclam 1974.

Jatzek, Gerald: Der Lixelhix. Buchstabenabenteuer in Geschichten, Gedichten und Spielen. Wien: Jugend & Volk 1987.

Karst, Theodor (Hrsg.): Kinder- und Jugendlektüre im Unterricht. Bad Heilbronn: Bd. 1 Primarstufe 1978.

Manz, Hans: Worte kann man drehen. Sprachbuch für Kinder. Weinheim u. Basel: Beltz 1985.

Österreichischer Buchclub der Jugend: Projektbuch Ideenwettbewerb „Lesen ist alles" Wien.

Pennac, Daniel: Wie ein Roman. Köln: Kiepenhauer & Witsch 1994.

Silber, Hans Peter, u. a.: Spiele ohne Sieger, Ravensburger: Maier 1976.

Zitzlsperger, Helga: Kinder spielen Märchen. Weinheim: Beltz Praxis 1984.

Mit Freude ◇I◇ *leichter lernen*

Der Apfelkern
16 Seiten, br.
ISBN 3-7058-0806-0

**Klara,
eine Spinnengeschichte**
16 Seiten, br.
ISBN 3-7058-0536-3

**Konrad,
eine Maulwurfgeschichte**
16 Seiten, br.
ISBN 3-7058-0746-3

Set: 3 Hefte ISBN 3-7058-0833-8

Konrad und seine Familie
erscheint im Herbst '95

◆ Die Geschichten machen die Leser auf wenig
beachtete Tiere und Pflanzen aufmerksam.

◆ Wahrheitsgetreu wird über Naturvorgänge und die
Lebensgewohnheiten der Tiere berichtet.

◆ Als Ergänzungen für den Lese-, Sach- und
Biologieunterricht in Volks-, Haupt- und Sonder-
schulen zu empfehlen.

**Mit Tobo
ins Regenbogenland**
Eine Reise ins Land der
Kreativität und Fantasie
112 Seiten, 21 x 24 cm, br.
ISBN 3-85329-925-3

◆ Ein Lese- und „Schreib weiter"-Buch.

◆ Zur Förderung der Fantasie und Kreativität der Kinder.

VER◇TAS

Textquellen:

Seite 10:	Ingrid Bacher: Das Kinderhaus. München: Deutscher Taschenbuch Verlag.
Seite 11:	Astrid Lindgren: Immer dieser Michel. Ill. von Rolf Rettich, Hamburg: Oetinger 1972.
	Selma Lagerlöf: Nils Holgerssons schönste Abenteuer. München: Nymphenburger in der F. A. Helbig Verlagsbuchhandlung.
Seite 16:	Josef Guggenmos: Was denkt die Maus am Donnerstag? Recklinghausen: Georg Bitter Verlag 1967.
Seite 22:	Bernd Badegruber, Friedrich Pirkl: Geschichten zum Problemlösen, Linz: Veritas 1993.
Seite 23:	Astrid Lindgren: Pippi Langstrumpf. Ill. von Rolf Rettich, Hamburg: Oetinger 1967.
Seite 43:	Klappentexte zu:
	Kurt Wölfflin: Der Chef ist die Oma. Wien: Jugend & Volk.
	Irina Korschunow: Für Steffi fängt die Schule an. München: Deutscher Taschenbuch Verlag 1986.
	Renate Welsh: Ich schenk dir einen Kindertag. Wien: Jugend & Volk.
	Christine Nöstlinger: Der geheime Großvater. Wien: Jugend & Volk.
	Achim Bröger: Geschwister … nein danke!? Würzburg: Arena.
Seite 70:	Bernd Badegruber, Friedrich Pirkl: Geschichten zum Problemlösen. Linz: Veritas 1993.
Seite 100:	nach: Indianerkartei. Unterrichtsmaterial zum Buch von Ursula Wölffel „Fliegender Stern". Pädagogik-Kooperative e. V., Goebenstraße 8, D-28209 Bremen (In Österreich: Reinhard Bachmann, Letzeleweg 4, 6845 Hohenems)

Bildquellen:

Grafiken und Handschriften auf Seite 33, 84 und 99: Irene Prunner, Linz
Reiseprospekte auf Seite 91 und 92: Allerstorfer Reisen, Linz
Stenogramm auf Seite 90: Isabella Siegl, Luftenberg